VORWEG

»Hier sollte eigentlich das Hesse-Zitat aus dem Steppenwolf *mit dem höheren Humor stehen, der mit dem Nicht-mehr-ernst-Nehmen der eigenen Person anfängt, damit ihr rafft, was ich eigentlich meine und dass ich ein Intellektueller bin. Aber leider konnte sich mein Verlag nach meiner Honorarüberweisung die Abdruckrechte nicht mehr leisten. Na ja. Hauptsache reich, oder?«*

— Alexander Prinz

Viele sogenannte Social-Media-Stars und Influencer schreiben heutzutage Bücher. Sie haben ihre Gründe – im Wesentlichen Geltungssucht, Größenwahn und Referenzbeschränktheit. Oder sie wollten sich schon immer mal selbst zitieren können. Nicht, dass mir selbst solche Anwandlungen fremd wären. Nur habe ich, im Gegensatz zu den meisten *von denen*, diesen Riemen selbst verbrochen. Sollte er sich als zäh und ungenießbar erweisen, trifft mich und nur mich allein die Schuld. Ich bitte also um gnadenlos unverblümtes Feedback, falls du mich zufällig auf der Straße triffst. Hau mir das Buch um die Ohren, ich werde es dir dennoch mit Freuden signieren, falls du irgendeinen Wert darauf legst.

Ich sah mich vor die schier unlösbare Aufgabe gestellt, mein unproduktives Selbstmitleid in einem Bestseller zu vermarkten, ohne dabei die übliche generische, angepasste Scheiße abzusondern. Obwohl die Absage an den Mainstream ja selbst schon wieder Mainstream zu werden droht.

Der breite Strom reißt uns alle mit. Aber was soll ich sagen? Ich führe meine Dämonen nun mal gerne Gassi – literarisch.

Das Ding in deinen Händen – ich duze dich einfach weiterhin, denn dich fragt sowieso keiner – ist ein zynischer Ratgeber, der womöglich gar dazu beiträgt, Depressionen vorzubeugen. Obwohl du vermutlich ohnehin längst depressiv bist, wenn du dir ein Buch mit diesem Titel kaufst. Wie dem auch sei: Diese Hilfe zur Selbsthilfe ist in verschiedene Lektionen gegliedert, die es dir erleichtern werden, deinen Hass auf bestimmte Eigen-, nein Unarten anderer Menschen zu kanalisieren.

Falls du dich in Sicherheit wiegst: Das erste Problem, mit dem wir uns befassen, bist du. (Ja, bitte fühl dich gleich zu Anfang angesprochen und überleg dir, ob du wirklich Bock hast, dich auf den folgenden Seiten maßlosen Pöbeleien auszusetzen!) Später arbeiten wir uns unter Schmerzen vor zur Mutter allen Übels: der Liebe und allen Schweinereien, die mit ihr einhergehen. Wir schreiten fort zum Dauerthema »Gesellschaft und warum sie vor die Hunde geht«, um schließlich zu einer trockenen Abrechnung mit der Zukunft zu gelangen. Ich spreche bewusst von »vorarbeiten«, damit dir an diesem Punkt bereits aufgeht, wie hart die Lektüre wird. Du wirst schwitzen und zittern, krampfen und würgen und in den Flammen der Reinigung neu geboren werden! Von diesem Zeitpunkt an macht's dann vielleicht sogar uns *beiden* Spaß. Beginnen wir also.

EINLEITUNG

Du kennst das: Sie stehen im Supermarkt, an der Kinokasse, in der Mensa, auf dem Bahnhofsklo, im Puff oder an der Brüstung eines vierzigstöckigen Hochhauses – Menschen! Sie sind überall. Du entkommst ihnen nicht, und eines haben sie alle gemeinsam: Sie machen irgendwas – meistens etwas Nerviges. Laut atmen zum Beispiel. Oft bricht bei solchen Gelegenheiten konvulsivisch aus mir heraus, die Dame hinter mir möge doch bitte das Atmen einstellen, weil zum bronchialen Rasseln ihrer gut geteerten zweispurigen Atemautobahn auch noch der Azetongeruch ihrer von fauligem Fleisch umkränzten Kauleiste ausgeht. Nicht, dass ich wüsste, wie Azeton riecht. Aber es klingt schön beißend und toxisch, das passt schon.

Ich habe mal Geografie studiert, einige Semester sogar. Dort wurde mir vermittelt, dass dieser Planet genau ein Problem hat: zu viele Menschen – und die stellen auch noch Ansprüche! Ein Auto beispielsweise muss schon sein, um ihre trägen Körper durch die Innenstädte zu bewegen, wo sie vom Biomarkt zum nächstgelegenen Vegan-Street-Food-Truck mit integriertem Tattoo-Studio und Work-Life-Balance-Workshop fahren. Am liebsten ein SUV, dieses blechgewordene, desperate »Hier, hier, ich, ich!«, das zwischen zahllosen anderen ungehört verhallt. Dieser armselige Schrei nach Anerkennung kommt nicht von ungefähr, denn Menschen in solchen SUVs teilen alle miteinander das Gefühl, ihr Leben sei leer und bedeutungslos. Wie recht sie haben. Und wie kommt das? Weil wir schlicht zu viele sind. Du bist in irgendwas so richtig gut? Fein! Aber in deiner Stadt gibt es Hunderte anderer Menschen mit ähnlichem Talent, in China sind es noch mal fünf Millionen mehr. Du bist hübsch? Dann stell dich hinter den anderen Instagram-Schönheiten an. Du bist schlau und hast einen guten Uniabschluss? Wie, nur einen?? Das reicht heutzutage gerade noch für ein lebenslanges Praktikum, bei dem du immerhin viele spannende Dinge lernst. Zum Beispiel wie die hochmoderne Kaffeemaschine, die weit mehr als dein Scheißleben kostet, ihren Wassertank am liebsten befüllt haben möchte.

Ich weiß nicht, wie deine Lebenssituation aussieht. Keine Ahnung, ob du zu den viel beschworenen oberen Zehntausend zählst und gern über Menschen lachst, weil du dich für etwas Besseres hältst, oder ob du seit fünfzehn Semestern angewandte Sexualkunde an der Fachhochschule Merseburg studierst (worauf ich ziemlich neidisch wäre). Vielleicht bist du auch eine adipöse Person aus Berlin-Marzahn, die sich schon lange vor dem Mauerfall aufgegeben hat und nun langsam mit ihrer Wohnlandschaft verschmilzt. Ich muss das gar nicht wissen. Mir ist dein Leben scheißegal. Ich will nur dein Bestes, und das ist dein Geld, also lass dir mit diesem überteuerten Buch gefälligst helfen. Ach was, du wirst gar nicht gefragt.

Auf die Schnelle hieße mein Lösungsvorschlag für all deine Probleme: »Mach den Pilotenschein und kauf dir eine Insel in Kanada.« Da man mit diesem Kurztipp schwerlich ein Buch verkaufen kann, habe ich mir zusätzlich ein paar praktikablere Vorschläge für den stressreduzierten Umgang mit

Menschen aus den Fingern gesogen. Also fokussier dich jetzt einmal in deinem ziellosen Leben und präg dir jede meiner oberschlauen Weisheiten ein, vielleicht sind ja ein paar davon nützlich für dich. Sämtliche Kapitel bestehen zu siebzig Prozent aus eigenen bitteren Erfahrungen und zu dreißig Prozent aus wüsten Beschimpfungen. Falls du dich auf den nächsten Seiten kein bisschen beleidigt oder angegriffen fühlst, solltest du unbedingt mein nächstes Buch kaufen, in dem du dann ganz bestimmt dein Fett abbekommst. Oder du bist tatsächlich zu entspannt, um dich von meinen Zeilen beleidigen zu lassen. Wenn das so ist, musst du mich unbedingt mal live erleben. Das hat noch jedem gereicht.

Warum tue ich dir das an? Ich habe schon immer gern meinen Weltekel an anderen ausgelassen. Im Kindergarten habe ich die Mädchen gebissen, wenn sie nicht auf mein Kommando hören wollten. Damals haben sie geweint, heute ziehen sie sich aus. Das verwirrt mich zwar immer noch, aber ich kann gut damit leben. Dennoch schreibe ich dieses Buch nicht allein, um meine Unzufriedenheit mit dir zu teilen, sondern nicht zuletzt aus Profitgier und Geltungssucht. Na schön, ein ganz klein bisschen auch, weil ich im Alltag viel zu sparsam mit wohlformulierten Anwürfen gegen meine Generation und die Gattung Homo sapiens im Allgemeinen umzugehen gezwungen bin. Seien wir doch mal ehrlich: Homo sapiens, *my ass*. Meinetwegen hätte die Evolution ruhig beim Homo erectus stehen bleiben können (*stehen bleiben*, kapiert? Rofl, Schenkelklopf, Nudge, Nudge, Wink, Wink, *Erektions*schwäche kein Thema etc.). Damals lebten die Menschen nämlich noch friedlich miteinander. Sachen gibt's. Gelernt habe ich das in einer Ausstellung, die zwar zuerst in meiner Heimatstadt Halle an der Saale zu sehen war, von mir aber lange Zeit ignoriert wurde, bis ich sie dann schließlich in Wien besuchte. Bei der Gelegenheit ein Shout-out an die geschätzt viertschönste Stadt Ostdeutschlands: Halle an der Saale, *mon amour!* Äh, wo waren wir gerade? Ach ja, »friedliches Miteinander«. Es stimmt: Zur Zeit des Homo erectus gab es nicht einfach so aufs Fressbrett. Das kam erst viel später, als die Menschen sesshaft wurden und sich nicht mehr aus dem Weg gehen konnten.

Auch ich kann der Konfrontation mit sogenannten *anderen Menschen* (auch bekannt als Leute, Individuen, Personen oder *die*) viel zu selten aus dem Weg gehen, nicht zuletzt weil ich mir für eine friedliche Schattenexistenz den denkbar ungeeignetsten Job ausgesucht habe: YouTuber. In dieser Eigenschaft kann man an den unpassendsten Orten erkannt werden – zum Beispiel im Rotlichtviertel von Amsterdam oder im Museum der Gedenkstätte Auschwitz. In diesem Buch werde ich viel lügen, doch ich garantiere dir: Beides ist mir wirklich passiert, Fangirl-Attitüde inklusive.

Ich habe schon immer ein Buch schreiben wollen. Mit zwölf habe ich es dann zum ersten Mal getan. Und dabei auch noch ein Buch geschrieben. Wie alles, woran man sich in diesem Alter wagt, war es ein übler Reinfall. Na schön, bei meinem ersten Mal war ich schon sechzehn. Die vier Jahre Reifezeit haben auch nicht viel bewirkt. Und was geht dich das an, du Ferkel? Wenn dein erstes Mal für alle Beteiligten toll war, dann schreib mir bitte – in Schulausgangsschrift und Normdeutsch, falls es nicht zu viel verlangt ist, aber das ist es wahrscheinlich. (Denn Eloquenz und Sex sollten einander grundsätzlich ausschließen. Oder hat irgendwer hier schon mal »Die Bürgschaft« zitiert, während er bei ›der Sache‹ war? Sollte das möglich sein? Das sollte ich auf dem berühmten Altar der Wissenschaft gleich mal ausprobieren.)

Wie dem auch sei: Ich tue mein Bestes, mich von meinen Antipathien gegen Menschen im Alltag nicht allzu sehr hinreißen zu lassen. Ich bin zwar schlau genug, die Probleme unserer Gesellschaft zu erkennen, aber zu blöd, sie zu lösen. Damit bin ich in guter Gesellschaft der überwältigenden Mehrheit der Kritiker. Sie leben gut, weil sie so tun können, als kennten sie sich mit den Dingen aus, doch insgeheim eiern sie auch bloß von einer vertuschten Katastrophe zur nächsten. Da ich leider nicht die Statur eines Rummelboxers habe, muss ich meine Gemeinheit zu Papier bringen und darauf hoffen, dass sich irgendwann jemand an einer der Seiten ganz gemein schneidet. *Paper cut! The worst cut is the deepest!* Na gut, vielleicht habe ich auch die vage Hoffnung, in dir, geneigter Buchkäufer, einen Seelenverwandten gefunden zu haben, der mir nicht nur sein Geld, sondern auch seine Beachtung und Zustimmung schenkt. Am Ende des Buches werden alle deprimiert dastehen: du, weil ich dich mit der Nase auf all das stoße, was an unserer Generation richtig blöd ist – und ich, weil das Buch viel zu wenig Käufer gefunden hat. Da wir auch vorher alle schon depri waren, geht es uns danach wenigstens nicht schlechter – und das ist doch in unseren Zeiten schon fast ein guter Deal, oder? Tun wir also wenigstens so, als brächte uns dieses Machwerk einen Mehrwert. Liebt nicht jeder von uns diese lebensoptimierenden, produktivitätssteigernden Dinge, die uns vormachen, mehr als blanke Zeit- und Geldverschwendung zu sein? Weil es nur eine Textform gibt, bei der die Leserschaft noch glaubt, sie sei es wert, sich mit ihr zu befassen, ist dieses Buch ein *Ratgeber* geworden. Wie »guter Rat«, nicht »gutes Rad«. Als überzeugter Nihilist bin ich Fürsprecher des Diesels und werde mir um nichts in der Welt meinen BMW wegnehmen lassen – zumindest bis ich mir endlich einen Aston Martin kaufen kann. Um das zu erreichen, muss ich viele Bücher verkaufen. Danke, dass du einen Teil zu meinem Aston beigesteuert hast. Und nun auf zum ersten Kapitel – nein: zur ersten Lektion!

DIE KUNST DER ABLEHNUNG

Tolle Zeit im Leben: Du darfst nichts, kannst nichts, weißt nichts, und wenn du dir die Batterien, die du in der Sofaritze gefunden hast, in den Mund steckst, schimpft man mit dir – doch abgesehen davon, kann dir nicht viel passieren. Und weil du allein nichts anderes als Essen, Kacken und Schlafen zustande bringst, wirst du rundum versorgt.[1] (Kurz: die Phase im Leben, in der man sich mal richtig verbeamtet fühlen durfte). Tatsächlich ist diese Phase des infantilen Beamtentums für die meisten von uns eine Art *spawn-kill-*Lotterie. (Wer von euch keine Computer-Games zockt: Stellt euch alternativ einfach Ripley im Nest der eierlegenden Alien-Königin vor.) Wir alle haben nämlich eigentlich gute Chancen darauf, glückliche, ausgeglichene und freundliche Menschen zu werden, gäbe es da nicht einen vollkommen unkalkulierbaren Risikofaktor: die Eltern. Wie genau sie zu deinem Unglück beitragen, ist von Fall zu Fall verschieden, aber ihre Macht über dein weiteres Leben ist enorm. Und falls du selbst mit dem Gedanken spielst zu werfen (oder das Werfen zu delegieren), dann solltest auch du dir jetzt ein paar Notizen machen. Nein, doch nicht *im* Buch. Du bist ja nicht der Halbblutprinz.

---

[1] Wenn deine Eltern nicht gerade drogenabhängig oder gewaltverliebt sind. Dann kann es schon mal unangenehm werden.

Mir ist früh im Leben aufgefallen: Ich komme ganz gut allein zurecht. Wir hatten einen großen Garten. Darin habe ich Schützengräben ausgehoben, und wenn die Nachbarskinder mal wieder zum Spielen rüberkommen wollten, habe ich ihnen eine Salve mit der Softair verpasst. Die Softair hatte leider nur geringen Druck, weswegen meine Attacken eher symbolischen Wert hatten. (Den sollte man aber nicht unterschätzen: Auch das christliche Kreuz ist nur ein Symbol – an und unter dem indes schon ziemlich viele Leute gestorben sind.) Ich habe mal irgendwo gehört, sich selbst genug zu sein, sei eine Tugend. Das fällt mir gar nicht mal so schwer. Schließlich trifft man nicht oft auf Menschen, deren Gegenwart man so sehr schätzt wie die eigene. Die meisten von uns verschwenden ihre Lebenszeit darauf, sich bei anderen beliebt zu machen, sich anzupassen – sich in irgendein Muster zu fügen. Man versucht es allen recht zu machen und in dieser belang- und gesichtslosen, dieser mediokren, ja nachgerade gleichgeschalteten Mainstream-, Konsum- und Trendsklaven-Zombie-Welt möglichst nirgends anzuecken. Und warum suchen so viele Leute den ewigen Konsens? Weil sie erbärmliche Schwächlinge sind! Ganz recht, wir haben noch gar nicht richtig angefangen, da könnte ich dich schon wieder beleidigt haben. Gern geschehen. Wahre Meister tun so etwas, um ihre Opfer ... ähm ... Adepten anzustacheln. Die sind dann nämlich irgendwann so richtig angepisst und geben alles, um ihr Ziel zu erreichen. Und dein Ziel besteht doch hoffentlich darin, ein Leben ohne nervtötenden Umgang mit anderen Menschen zu führen. Wohlan denn!

Was ist nun eigentlich so schlimm daran, angepasst und unbemerkt durch die Einkaufspassage dieser Republik zu schlurfen? Musst du etwa jeden Quadratzentimeter Haut inken, um mir oder sonst wem deine Individualität zu demonstrieren? Musst du deine erbärmlich knappe Freizeit darauf verschwenden, mit Tigern zu ringen, Atlantis zu entdecken und den Mond zu besiedeln? Nein! Denn so faszinierend-verwegen solche Taten auch sein mögen, harte Währung auf Tinder und Instagram, so überflüssig bis schwachsinnig sind sie auch. Und wenn du mich brauchst, um dir das zu sagen, dann hast du tatsächlich einiges nachzuholen. Genau diese Unart treiben wir dir auf den kommenden Seiten aus!

Versuchen wir mal Folgendes: Du schließt jetzt die Augen. Nein! Halt, Scheißidee, dann kannst du ja nicht weiterlesen. Dann mach halt eines davon wieder auf. Wie, du kannst so nicht lesen, da sieht man nur die halbe Seite? Das geht, du Esel! Ich habe selbst nur ein Auge, und du willst doch nicht behaupten, ich könnte nicht lesen, und damit einen Behinderten diskriminieren? (Siehst du, wie geschickt ich das mache? Schon wieder Unfrieden gesät.) Also, schließ ein Auge, und nun versetz dich an einen Ort, wo so richtig viele Menschen ein und aus gehen – wie im Schlafzimmer deiner Mutter, genau. Dann lass dir das Übelste einfallen, das du dort anstellen könntest. Und genau das machst du! (Aber bitte: kein Terrorakt! Das überlassen wir den Profis.)

Du malst dir aus, was immer du dort anstellst, würde furchtbare Konsequenzen für dich nach sich ziehen. Dass man dich im besten Fall ausschimpft und in die Ecke stellt und im schlimmsten Fall bei deiner Mutter abliefert, wo du dir ein ganzes Wochenende lang anhören musst, wie wichtig es ist, ein nützliches Mitglied der Gesellschaft zu werden.

Okay, Boomer, magst du denken. Dabei bist du mit zwanzig Semestern Fußpflegestudium ohne Abschluss längst ein hoffnungsloser Fall, und dein Unvermögen, eine Waschmaschine zu bedienen, wird dich im Leben ebenso wenig voranbringen, wie deine brutale Ignoranz in allen Dingen der Körperpflege dich dem anderen Geschlecht als präsentablen Kopulationspartner empfiehlt, weil man sich im Leben nun mal nicht auf der Leistung ausruhen kann, einen zugegebenermaßen deutlich überlangen wiewohl einigermaßen wohlformulierten Satz lesen und auch verstehen zu können, was an sich schon ein Talent ist, von dem ich dir, nüchtern betrachtet – aber wer will die Dinge schon nüchtern betrachten? –, gar nicht unterstellen möchte, dass du darüber verfügst.

»Bäh, kotzt mich jetzt schon an, das Buch!« ... Das hab ich gehört, Freundchen! Und ich entgegne: Selbst schuld! Hättest du deinen Thalia-Gutschein mal lieber für einen Pornokalender benutzt, wie du ursprünglich vorhattest. (Falls du diesen Vorschlag aufgreifen möchtest: Es gibt Kalender, in denen prallbusige Schönheiten in nassen T-Shirts präsentiert werden, die glitschige, großschuppige Fische in die Kamera halten, #carponizer. Eine zwingende Kombination.)

Ich komme vom Thema ab. Wo war ich? Pralle Busen! Verkauft sich immer. Aber ich glaube, das mag der Verleger nicht.[2] Ach, ich weiß wieder: Sinn des Lebens, Bezwingen harter Realitäten. Womöglich hatte ich es oben nicht ganz so prägnant formuliert, aber da wollen wir hin. Folge mir also durch die nächsten Seiten.[3]

Wenn du dich schon so willfährig in meine Hände begibst, wirst du dich vielleicht fragen, ob meine Weisheiten großen

---

[2] Im Gegenteil, wir lieben das! Mehr davon, wir müssen schließlich auch unsere Rechnungen bezahlen.

[3] Du darfst übrigens »Guru« zu mir sagen.

Philosophen entlehnt sind. Ha! Mit Fug und Recht kann ich behaupten, dass ich in meinem Leben noch kein einziges Buch gelesen habe bis auf die erste Bohlen-Biografie.[4] Sollte in meinen Worten also die Weisheit Dieter Bohlens durchscheinen, mag es daher rühren. Jede weitere Beeinflussung durch irgendwelche Vordenker bestreite ich entschieden. Radikal politikverdrossen mit Hang zu einem extremistischen Zynismus auf Ökobasis mit neoliberalem Einschlag[5] – das bin ich. Mehr brauchen wir nicht.

Ablehnung ist das Erste, womit wir im Leben umzugehen lernen müssen. Wirst du in der Familie abgelehnt, bist du vermutlich vom Postboten. Wirst du eher außerhalb des erweiterten Familienkreises abgelehnt, ist die innerfamiliäre Ablehnung wohl zu kurz gekommen, und du bist daraufhin zum reinsten Egoschwein herangewachsen. Egal, welche Form der Ablehnung du erfährst, eines muss dir immer klar sein: Ablehnung ist keine Einbahnstraße! Lerne auch du die Kunst der Ablehnung! Ich weiß, das ist viel verlangt. Und was bedeutet dieses Fremdwort eigentlich? K-U-N-S-T – kann man das essen? Anfassen? Umbringen? (Wieso fällt mir, umbringen ein? Notiz an mich: Ich sollte mir vielleicht wirklich einen Therapeuten suchen.) Nun, laut Duden ist Kunst die schöpferische Auseinandersetzung mit Natur und Welt. Uns begegnet Kunst indes zurzeit eher als ihr eigenes Zerrbild, zum Beispiel in Gestalt von Metamemes, die alle Begriffe von Ästhetik und Humor bis zur Unerträglichkeit strapazieren. Auch bei YouTubern und ihren bedauerlicherweise allzu oft ernst gemeinten Werken lässt sich das beobachten. Man

---

4 Oder hab ich auch da bloß diese Comicverfilmung gesehen? Ja, die gibt es wirklich.

5 Gegen Letzteren nehme ich Magentropfen, weil er sich in Form heftiger Blähungen manifestiert.

könnte aber auch sagen, dass bei allem da draußen, außerhalb der eigenen Filterblase und des analogen Kiezes, die höchste Kunst darin liegt, an Leib und Seele gesund zu bleiben. Ich spreche hier also eher von Kampfkunst: eine kühne Willensanstrengung, die dein Überleben sichert. Ablehnung ist eine solche Kunstform.

Ein Szenario: Du bist auf Arbeit und ein Kollege, den du partout nicht leiden kannst, lädt dich ein, etwas mit ihm zu unternehmen. Ein paar Bier mit ihm zu trinken wäre aushaltbar (wie alles mit Bier) und die menschenfreundliche Entscheidung. Denn er wird sich vermutlich umbringen, wenn du ablehnst, weil ihn jeder in der Abteilung mobbt und du seit dem letzten Bowlingabend mit den Kollegen sein heimliches Idol bist. Vergegenwärtige dir aber Folgendes: Reich ihm diesen kleinen Finger und er reißt dir gleich den ganzen Arm ab und am Ende stehst du vor den anderen als derjenige da, der mit *diesem Typen* abhängt. Die ganze Firma wird dich hassen, dein sozialer Abstieg ist vorprogrammiert und bald schon wird dir gar keine Wahl mehr bleiben, als deine Zeit mit *diesem Typen* zu verbringen. Dein Freundeskreis, dein Haupthaar und das Laub deiner Topfpflanzen – all das wird sich lichten, dahinwelken etc. pp. Deine Frau (oder dein Mann) und dein Hund werden dich nicht mehr kennen wollen. Vermeiden kannst du das nur, wenn du auf die Regeln der Höflichkeit pfeifst. Wenn der ungeliebte Kollege dich also fragt: »Hey Bob« – für mich *der* ultimative Name, darum benutze ich ihn, wo ich kann –, »hast du Lust, hier im Büro dieselbe Luft wie ich zu atmen?«, dann wirst du was tun? Richtig! Ein präziser Handkantenschlag gegen die Kehle, ein Hieb aufs Sternum und ein Tritt in die Magengrube. Dazu der schallende Ruf: »Nein, du verdienst nicht, dieselbe Luft zu atmen wie wir!«

Wie so vieles in diesem Buch ist auch das so unernst wie möglich gemeint. Die Kunst der Ablehnung bedeutet für mich: kulturelle und gesellschaftliche Trends zu erspüren und gleichzeitig zu erkennen, dass dem Gruppenzwang zu folgen, vor der Peer Pressure einzuknicken hauptsächlich bewirkt, dass es einem am Ende schlechter geht. Manchmal ist es schmerzhaft, dass um einen herum alle dumm oder verrückt geworden sind (ich wohne direkt über der Partymeile der Stadt), doch wer die Kunst der Ablehnung beherrscht, muss am Ende durch das schiere Gefühl der Überlegenheit obsiegen!

(Und jetzt mal unter uns: Wie oft hast du das Wort ›obsiegen‹ in letzter Zeit außerhalb religiöser Traktate und der Broschüren fehlgeleiteter Politsekten gelesen? Wir plündern hier gnadenlos den kompletten deutschen Sprachschatz. Isso.)

KINDERGARTEN-KLASSENKAMPF

Der Kindergarten ist eine meiner frühesten Erinnerungen: Meine Mutter ist mit mir beim »Bewerbungsgespräch« und ich bekomme ein Bonbon, weil ich so schön artig war. Noch ehe meine Mutter eingreifen kann, verschlinge ich das Bonbon. Und schon bricht aufgrund meines selbst verschuldeten Beinaheerstickungstodes allgemeine Panik aus. Denn das mit dem Schlucken hatte ich im Alter von drei Jahren noch nicht drauf. »Na toll«, denkst du jetzt bestimmt. Da kaufst du dir ein Buch, bist darauf vorbereitet, dass dir intelligente Überlegungen zur Verbesserung deines Lebens in mundgerechten Häppchen vorgesetzt werden, um nach ein paar Seiten festzustellen, dass die Natur den Autor beinahe aus dem Genpool gekickt hätte, weil er das mit dem Schlucken noch nicht raushatte.[6] (Ein Scheißschicksal, das sonst eher osteuropäischen Zwangsprostituierten droht. War das zu viel? Wenn ja, wird der Lektor es schon rausstreichen. Wenn nicht – tja, dann *ist* diese Gesellschaft furchtbar verroht.)

Na, jedenfalls wurde ich trotz meiner Lebensunfähigkeit in den Kindergarten aufgenommen. (Ich wäre auch später

---

[6] Tu es, wenn du aufgefordert wirst. Tu es!

noch ein paarmal fast gestorben, aber zumindest nicht durch eigene Blödheit.)

Was soll das überhaupt heißen? *Kindergarten.* Dort werden Kinder als Setzlinge ausgebracht, um sie zu normierten, schnurgeraden Gurken oder Bananen mit optimalem Krümmungswinkel heranreifen zu lassen, bis sie für ein System genießbar sind, das zumindest in Europa eine sehr genaue Vorstellung von zum Verzehr geeigneten Gurken und Bananen hat.[7]

Erinnerst du dich noch an deine Zeit im Kindergarten? Warst du da eines der Kinder, die den Ton angegeben haben? So ein Lukas, der ständig allen, die ihm nicht ihr Lieblingsspielzeug geben wollten, ordentlich eins mit der Schaufel verpasst hat? So ein richtiges Scheißkind, mit dem die Erzieherinnen nicht schimpfen konnten, weil deine Mutter ihnen sonst am nächsten Tag die Hölle heiß gemacht hätte? Oder warst du eher ein Tobias, der immer Dreck gefressen hat – manchmal, weil Lukas ihn dazu gezwungen hat, manchmal, weil er es selbst wollte? Vielleicht warst du aber auch ein Justus. Da ich hier in Stereotypen arbeite, ahnst du es sicher schon: Justus ist der reiche Schnösel, dessen Eltern sich die sinnlosesten und zugleich kostspieligsten Spielsachen für ihren kleinen Racker leisten. Und weil alle ab und an mal damit spielen wollen, traut sich nicht mal Lukas, ihm die Schaufel über den Schnöselschädel zu ziehen.

Man kann sagen, was man will, doch was in der Gesellschaft der großen Leute schiefläuft, läuft schon im Kindergarten schief. Wer das bestreitet, soll einmal beobachten,

---

[7] Frag deinen Stammtisch, der weiß alles darüber.

wie der Kevin die Jacqueline küsst, während doch eigentlich der Bob seit gestern ihr Freund ist! Ja, da gibt es Stress vom Feinsten – und der Bob ist wieder einmal der Verlierer. Vielleicht liegt's am Namen. Ich war damals übrigens ein Lukas, nur dass ich anders hieß – aber das weißt du ja, seit du das Buch gekauft hast. Ab und an habe ich mein Revier mit Klauen und Zähnen verteidigt. Keine Metapher! Übrigens gehören die Lukasse von einst heute eher zu den Verlierern. Wenn du zufällig Lukas heißt, tust du also gut daran, dieses Buch zu lesen. Bereits im Kindergarten gibt es die »Großen«, die den Ton angeben und bestimmen dürfen: Frauen (und vereinzelt Männer, ihrer Unterzahl wegen einfach unter ›Frauen‹ subsumiert), die so alt sind, dass man als Kind gar nicht weiß, was sie mit der eigenen Spezies zu tun haben. Und diese Frauen haben dann auch noch die scheinbar völlig willkürlich ausgeübte Macht über den kompletten Laden, ohne dass das Kind weiß, wer sie ihnen gegeben hat. Diese Frauen sind so etwas wie die Echsenmenschen der Pädagogik. Wenn man sich ihren Regeln beugt, dann gibt es eigentlich keine Probleme – man muss sich nur artig und still mit den dargereichten Spielzeugen beschäftigen und es passiert einem nichts. Aber wenn man plötzlich auf die Idee kommt, das Gerontomatriarchat zu stürzen oder die Wände des Gefäng... äh, des Kindergartens mit Kot zu beschmieren, bekommt man ihren Zorn zu spüren. Stille Treppe, Versammlungsverbot, ohne Nachtisch in den Mittagsschlaf, Arrestzelle oder Abführen durch die herbeigerufenen Eltern.

Im Kindergarten wird uns ein Platz zugewiesen, den wir erst nach dem Schulabschluss wieder verlassen dürfen – so es uns gelingt, die breiten, eigens für uns vorasphaltierten, schnurgeraden Bahnen zu verlassen, ohne dabei in den Abgrund zu steuern. Im Kindergarten wird uns ein Platz in der Gesellschaft zugewiesen, auf dem wir gefälligst zu bleiben haben. Herzlichen Glückwunsch, du bist nun ein Schaf dieser Herde, hier ist dein Mikrochip. Obwohl wir noch zu klein sind, um zu verstehen, wie uns geschieht: Bereits in dieser Zeit, die wir später gern zur unbeschwertesten unseres Lebens verklären,[8] wird die Saat all unserer künftigen Probleme gelegt.

[8] Weiß auch nicht, wieso. In der Erinnerung ist alles so viel besser, als es wirklich war: dein erstes Mal, deine alten Freunde, das Essen deiner Mama, der Aufsatz in der siebten Klasse, auf den du wieder nur eine Vier bekamst, weil du ein unkreativer Troll warst. Letztlich wird alles besser, wenn wir es mit Abstand betrachten. Mit viel Abstand. Dein Gesicht zum Beispiel. Geh doch bitte ein paar Schritte zurück.

PROBLEMKINDER, DAS SIND DIE ANDEREN

Schuld sind immer die falschen Freunde. Jeremy hätte niemals von sich aus die »Betreten verboten«-Schilder in der alten Wäscherei geklaut, wenn seine Freunde ihn da nicht mit reingezogen hätten. Julia hätte nie mit dem Rauchen angefangen, Karl wäre nicht von der Schule geflogen, Thomas wäre niemals losgezogen, um sich alle Pokémon der Kanto-Region zu schnappen, Chantal würde kein Crack rauchen – wären sie nicht an falsche Freunde geraten, die diese eigentlich total süßen und unschuldigen Kinder völlig versaut haben. Die Eltern sind ratlos, die Schule weist jede Schuld von sich und die Experten geben in den Medien den Medien die Schuld. Aber es ist zu spät. Das Kind liegt bereits im Brunnen – weil seine Freunde ihm gesagt haben, es soll reinspringen. Nur ist man heute fast schon froh, wenn noch irgendjemand raus an die frische Luft geht, um eigenhändig Schilder zu klauen. Denn inzwischen werden Missetaten zumeist digital begangen und richten nur unsichtbaren Schaden an. Eine Scheune anzünden – ja, das ist noch ein Spektakel für das ganze Dorf, und die freiwillige Feuerwehr darf neben der exzessiven Wässerung der eigenen Leber einmal einen Brand löschen, der kein Synonym für Bierdurst ist. Internetpiraterie aber hat in der Realität so wenig mit verwegenem Freibeutertum zu tun, wie ich eine Fregatte des

17. Jahrhunderts steuern könnte, nur weil mir ein Auge fehlt. Arr! Gibt es denn überhaupt noch normale Kinder? Kinder, die nicht irgendwelche Tänzchen aus Onlineballerspielen für Snapchat tanzen oder auf TikTok die Lippen spitzen und Grimassen schneiden? Gibt es noch Kinder, die lieber Bücher lesen, sich in der Natur Borreliose einfangen oder den Nachbarshund mit Tannenzapfen bewerfen?

Ich klage zu Recht, denn: Früher war bekanntlich alles besser. (Vor allem aber war früher alles ausgesprochen angezogen, wenn ich mir die Fotos aus meiner Kindheit so anschaue. Also die, auf denen ich nicht nackt bin. Was erschreckend selten der Fall ist. Warum zur Hölle macht man *überhaupt* Nacktbilder von seinem Kind? Hat ein Mensch erst Persönlichkeitsrechte, wenn er alt genug ist, eigenhändig das Haus anzuzünden? Aber ich schweife ab.)

Ganz ehrlich – keine Ahnung, wie eine normale Kindheit aussieht. Einen Großteil meiner eigenen habe ich jedenfalls draußen verbracht und dort gemacht, was ein Junge in binärgeschlechtlichen Zeiten eben so machte: Ich habe Baumhäuser gebaut und andere Jungs mit Stöcken verdroschen (beziehungsweise mich von ihnen mit Stöcken verdreschen lassen), weil irgendwer irgendwann festgesetzt hat, Schwerter seien kein geeignetes Kinderspielzeug. Dann aber hat mein Vater uns Holzschwerter gebaut und wir haben uns damit verdroschen. Manchmal haben wir uns auch einfach ganz ohne Schwerter verdroschen. War das gefährlich? Klar! Ist uns was passiert? Ständig! Hat es uns geschadet? Vermutlich. Es fühlt sich aber manchmal an, als sei meine Generation als letzte noch in den Genuss einer Kindheit gekommen, die mehr draußen als drinnen stattgefunden hat. Klar, auch ich hätte liebend gern den ganzen Tag am Computer gezockt, aber das war unter dem strengen Regiment meiner Mutter schlicht und ergreifend nicht möglich. Es gab in unserem Haushalt nur einen PC, den ich wiederum nur jeden zweiten Tag für eine halbe Stunde benutzen durfte. Was für ein Albtraum! In dieser Zeit schafft man heutzutage gerade einmal zwei Schminktutorials oder hundertzwanzig TikToks. »Das ist doch kein Leben!«, würde jeder Teenager klagen.

Immerhin füllte ich meine knapp bemessene Zeit am Familien-PC mit der sinnvollsten Tätigkeit aus, die ich mir vorstellen konnte: mit Krieg. Kleine Pixelhaufen, die sich vor meinem amüsierten Kinderauge gegenseitig massakrierten, die immer und immer wieder in Gemetzel, Scharmützel und Geschnetzeltes verwickelt wurden, bis es aus dem Nebenzimmer hieß: ausschalten. Die sogenannten Ballerspiele seien der Grund für die Brutalisierung unschuldiger Kindlein, hörte man zu meiner Schulzeit die Erwachsenen orakeln ... immer und immer wieder. Wir wurden zwar vor allem mit Playmobil und Lego sozialisiert, aber trotzdem wurden aus uns blutrünstige Kriegsherren und verwegene Paladine, Geheimagenten, die sich gegenseitig (oder irgendetwas anderes) abknallten. Und am Ende haben wir alle Pädagogik studiert. Na toll! Kein Wunder, dass das Bildungssystem vor die Hunde geht. Wer nichts wird, wird Wirt*in[9], und wer noch nicht mal das draufhat, unterrichtet. Deswegen entschied auch ich mich seinerzeit, auf Lehramt zu studieren – und wurde schmerzlich enttäuscht. Wie sich herausstellte, genügte Unfähigkeit nicht, nein, man musste auch seine Träume und Ideale verraten, die an Bürokratie und strengen rechtlichen Rahmenbedingungen zerschellten. Keine Prügelstrafe mehr für freche Antworten? Wie soll man denn so unterrichten? Und wie kann man

9 Seien wir ehrlich: Wirt.

erwarten, dass wir uns vollkommen nüchtern stundenlanger Zeit am Kind aussetzen? Wenn man sich selbst nicht mit Alkohol betäuben darf, kann man dann nicht wenigstens die Blagen abfüllen?

Ich glaube, meine Lehrer waren früher genauso wie meine werten Mitstudierenden heute: vom eigenen Leben überfordert und froh, wenn sie zu Hause die Wohnungstür hinter sich zuziehen konnten. Neben dem Job auch noch zu verstehen, was fünfundzwanzig Kinder umtreibt, die nicht mal selbst wissen, was mit ihnen los ist, ist ein Ding der Unmöglichkeit. Eltern, die auf ihre Schulzeit, wenn überhaupt, nur durch goldene Brillengläser zurückblicken, bringen ebenfalls kaum Verständnis für die Sorgen und Nöte ihrer Brut auf, daher bleiben den Kindern nur die Freunde, seien sie real oder imaginär. Übrigens können auch imaginäre Freunde einen schlechten Einfluss haben – aber das wollen wir hier nicht vertiefen.

Erwachsene wollen einfach nicht einsehen, wie stressig so ein Kinderleben ist. Nicht nur im Hinblick auf schulische Anforderungen (die, gemessen an dem, was die Zukunft bereithält, im Grunde ein müder Witz sind. Später werden wir es nie wieder so gut gehabt haben!). Tückisch ist vor allem, dass sich in der Schule – wie zuvor schon im Kindergarten – kleine Parallelgesellschaften bilden, die im Grunde ständig von Totalitarismus auf Anarchie umschwenken und wieder zurück. Einmal schwingt sich der dicke Erik aus der zweiten Klasse zum Alleinherrscher auf, der, von seinen Lakaien geschützt, über das Klettergerüst herrscht und horrende Zölle in harter Kieselsteinwährung einfordert, nur um bereits in der nächsten Pause von einer Gruppe Erstklässler gestürzt zu werden, die ihre Ablehnung seiner Spielregeln dadurch Ausdruck verleihen, dass sie das Gerüst und den dicken Erik mit ihrer schieren Masse überrennen. Wer in der einen Woche noch der allerbeste Freund und die allerbeste Freundin bis zum Mond und zurück war, ist schon am nächsten Montagmorgen der leidenschaftlich gehasste Erzfeind. Welches Stresspotenzial diese instabilen, irrationalen Strukturen für den jungen, unfertigen Menschen haben, kann man sich denken, aber immerhin tragen sie zur Charakterbildung bei. Frei nach dem Motto: Was uns nicht umbringt, macht uns härter. (Und weil es so lustig aussieht, stelle ich mir das jetzt alles mit Erwachsenen vor.)

NIEMAND LIEBT DICH WIE DU SELBST

Wann wird man zum ersten Mal mit der eiskalten, grimmen Ablehnung der Welt konfrontiert? Zählt es schon, wenn man vom Dreirad fällt, eine Möwe einem die Wurst vom Brötchen klaut oder man ohne Nachtisch ins Bett muss?[10] Nein, obwohl solche Tragödien in dem Moment in Zeitlupe vor deinen Augen ablaufen wie von Chronos' grauser Faust in Eis gehauen und du dich in abgrundtiefer Verzweiflung und Verständnislosigkeit fragst, warum du dich nicht dagegen wehren kannst, warum sich die beschissenen Flatterviecher ihr Essen nicht aus dem Meer holen, warum dieses Rad einfach nicht geradeaus rollt, warum deine Familie eine Meute von Sadisten ist – du hast dennoch nicht wirklich verinnerlicht, dass deine Handlungen Konsequenzen haben, dass Blödheit und Fehlverhalten bestraft werden.

Die meisten Kinder und Jugendlichen haben noch keine blasse Ahnung, was ihnen blüht. Ich glaube sogar, dass man mit etwas Glück sehr lange von schmerzlicher Desillusionierung verschont bleiben kann. Bei mir war es so. Als behütet aufgewachsener, privilegierter weißer Junge

---

[10] Okay, für mich kam das damals nah dran, ich war nun mal ein ungeschicktes, verfressenes Kind, und wenn ich nicht ständig gestresst von A nach B rennen würde, wäre ich es heute noch.

der ländlichen Mittelschicht Deutschlands, die es damals tatsächlich noch gab, lebte ich ziemlich lang in einer warmen, wohligen Wattewolke. (Was für eine abgefuckt amalgamierte Alliterationsarmada!) Auch heute kann ich noch genau sagen, wie sich das damals anfühlte – dieser unerschütterliche Irrglaube, die ganze Welt existiere nur, weil man selbst existiert. Und das war nicht mal ein Ausdruck von Egoismus! Man kann sich als zufriedenes und umsorgtes Kind schlicht nicht vorstellen, dass sich hinter der Stirn anderer Menschen ebenfalls abgründige Welten verbergen, kann nicht ansatzweise erahnen, wie es sein wird, dieser Tatsache ins Auge zu sehen. (Auch wenn ich fürchte, dass noch immer viel zu viele von uns niemals die innere Reife erlangen, in ihren Mitmenschen mehr zu sehen als Boxsäcke auf zwei Beinen.) Die Bekanntschaft mit der kalten Wirklichkeit macht man zumeist ziemlich abrupt und unvorbereitet. Man tritt in die Welt hinaus und wird gewahr, dass jeder andere Mensch auf diesem Planeten genau dasselbe unveräußerliche Recht beansprucht, wahrgenommen und geliebt zu werden, wie man selbst. Und genau wie *dir*[11] widerfährt keinem einzigen davon die Wertschätzung, die er allein dafür verdient hat, als Mensch geboren zu werden.

Aua aua, der letzte Satz tat richtig weh. Denn selbstverständlich finde ich schon den Gedanken vollkommen absurd. Sonst hätte ich das Buch wohl kaum unter seinem jetzigen Titel veröffentlicht. Was ich eigentlich sagen wollte: Klopp doch bitte zuallererst mal die Überzeugung in die Tonne, dass dir jemand schon allein deshalb etwas schuldig wäre, weil du existierst. Das ist keine Leistung. Genau wie der

---

[11] Geistesriesen wie ich müssen sich naturgemäß keinerlei Gedanken um Bewunderung und Ehrerbietung machen.

überteuerte Schnick-Schnack-Schnulli, den man in diesen Schöner-Wohnen-Läden findet, den die Männer, die schon mit ihrer Sekretärin alle Hände voll zu tun haben, ihren gelangweilten Ehefrauen gerne finanzieren, wird auch ein jedes dahergelaufene Individuum gern als etwas Einzigartiges, Handgefertigtes und Kostbares gepriesen – Stichwort Schneeflocke. Aber am Arsch. Du hättest auch in einem Taschentuch oder im Darm eines Sängerknaben enden können, und keine Sau hätte dein Ungeborensein betrauert.

Wie bitte? Ich habe mich wohl verhört? Nur weil du Geld für dieses Buch bezahlt hast, heißt das noch lange nicht, dass ich dich motivieren muss! (Außerdem kann Motivation viele Gesichter haben. Wenn es darum geht, eine Schachmeisterschaft zu gewinnen, hilft es bestimmt eher, wenn dein Umfeld an dich glaubt und dich nicht fallen lässt, sobald du unweigerlich versagst, als wenn man einen hungrigen Löwen auf dich hetzen würde. Das heben wir uns auf, um deine Laufleistung zu verbessern.)

Also. Irgendwann wagst du (wie einst der kleine Alex) den ersten Schritt an die frostige Luft der gleichgültigen und anonymisierenden Realität und denkst: Ja, wo ist denn mein Empfangskomitee? Überraschung, *negativ*. Du musst dich schon selbst motivieren, aus deinem Leben irgendwas zu machen. Worauf wird es hinauslaufen? Wahrscheinlich auf Geltungsdrang, weil du verzweifelt versuchst, dir die allgemeine Anerkennung zu erstreiten, von der du irrigerweise meinst, du hättest sie verdient, um dich in sie einzuhüllen wie in einen warmen Mantel, der dich gegen die soziale Kälte wappnet. Oder bist du so genügsam, dass dir diese Kälte nach ein bisschen Eingewöhnung gar nicht mehr so auffällt? Dass du dich wohlig wie auf Drogen treiben lässt, sediert und sorgenfrei,[12] [13] [14] [15] und Menschen mit Ambitionen (also Geltungsdrang) auf den Sack gehst, weil die sich wiederum nicht vorstellen können, dass man auch ohne Ehrgeiz über die Runden kommen kann. Da kommt *vielleicht* auch die Religion ganz gelegen – gibt sie doch all uns verlorenen, einsamen und vernachlässigten Kindern einen Vater, eine Mutter oder gleich eine ganze Familie, in deren Leben wir für immer eine oftmals verstörende, fast immer fragwürdige Rolle spielen werden. Nicht weil sie uns brauchen, sondern weil wir – so wie sie – einen klitzekleinen göttlichen Funken abbekommen haben. Als Angehörige einer Religion werden wir von unseresgleichen geliebt, weil wir Gottes Schöpfung sind.[16] Wer sich ganz allein auf der Welt findet, kann sich immerhin einbilden, er sei zumindest Jesus so wichtig, dass er sich freiwillig auf der halben Welt als Maskottchen in die Kirchen hängen lässt und noch leidvoller dreinblickt als das erste Kinderschokolade-Gesicht (während man selbst vor lauter Einsamkeit und Verzweiflung im Klub wildfremden Frauen besoffen an den Hintern grapscht). Äh, nee, anders ... Jesus war dereinst am Kreuz installiert worden, um wiedergutzumachen, was wir als Menschen versiebt haben. Ich finde, eigentlich sollte sich Gott dafür entschuldigen, dass er uns in seiner Allmacht nicht von unseren Verfehlungen abgehalten hat. Oder wieder anders: vielleicht sollten eher *wir* das Opfer des Sohnes Gottes als Wiedergutmachung

---

12 Drogen sind schlecht (Anm. d. Verlags).

13 Gar nicht! (Anm. d. Lektors)

14 Raus aus meinem Text, ihr Schmarotzer! (Anm. v. Alex)

15 Kauft mich! (Anm. d. Drogen)

16 Obwohl ... wenn man es sich genauer anschaut, überkommt einen da nicht zwangsläufig der Verdacht: Gott hat einmal den Prototypen abgenickt, die Fließbandproduktion angeworfen und seither ist er Golfen. Leider war Luzifer für das Qualitätsmanagement zuständig, und seit er gefeuert wurde, blieb die Stelle vakant. Dadurch kommt es zu solch hohen Ausschussquoten.)

betrachten! »Ja, Leute, ich geb's zu, jeder von euch leidet Jahrzehnte, bevor er ein Kurzschwert zwischen die Rippen bekommt, und alle müssen immer Sandaletten tragen. Ich hab's verkackt. Ihr dürft meinen Sohn killen. Dann sind wir quitt. Deal?« Krass, mal eben den geheimen Code des Neuen Testaments geknackt. Ein Glück, dass Christen nicht mehr dazu neigen, alle und jeden zu töten, die ihren Glauben schmähen. Von evangelikalen Amerikanern mal abgesehen. Niemand erwartet die spanische Inquisition. (Wieder ein kleiner Tribut an die Internetkultur. Hast du nicht verstanden? Mach dir nichts draus, es müssen nicht immer die grauen Haare sein, an denen man erkennt, dass das größte Festgelage, das noch vor einem liegt, die eigene Kompostierung ist.) Vielleicht fügt der Verlag für mich ja noch eine Mohammed-Karikatur unten ein, denn so ein »Skandalbuch« verkauft sich gewiss besser, wenn der Autor bei der ersten Lesung geköpft wird. So viel zum Geltungsdrang. Nachdem ich schon auf jede erdenkliche Weise versucht habe aufzufallen, möchte ich als erster Autor in die Geschichte eingehen, der für sein Erstlingswerk geköpft wurde – und das nicht wegen einer Schmähung des Propheten, sondern für die unterirdische Qualität meiner Binsenweisheiten.

Gerade habe ich meiner Freundin diese Zeile vorgelesen. Sie ist überrascht, dass ich nicht schon längst für diverse andere Dinge geköpft worden bin. Na, umso besser, so kann ich nun unter möglichst spektakulären Umständen das Zeitliche segnen!

Während du schon mit einem Lächeln auf den Lippen fantasierst, wie ich über die Klinge springe, mir die letzte Stunde schlägt, ich in die Grube fahre oder wie man es bei uns besonders liebevoll ausdrücken würde: den Arsch zumache, fahre ich mit meinem Monolog hier inzwischen fort. In Ordnung? Übrigens würde ich sehr gerne einen *Dialog* führen – ich spreche dich ja hier ganz gezielt an –, aber leider kann ich dich nicht hören. Vielleicht solltest du das Buch einfach ein bisschen lauter anschreien? Aber bitte wiederum nicht zu laut; nicht dass das Buch noch traurig wird und sich ungeliebt fühlt. Du könntest es jetzt auch ruhig mal streicheln. Komm schon, das tut dir nicht weh und die Leute in der Bahn, die dich beobachten und für gestört halten, haben das auch vorher schon getan. Wir alle brauchen so viel Nähe wie möglich. Das bringe ich auch meinen Groupies bei. Alles natürlich nur zwischen Erwachsenen, versteht sich! Aber auch Kinder brauchen Nähe. Natürlich nicht von mir, auch nicht von dir – es sei denn, du bist Elter. Auch dann solltest du möglichst nur deinem eigenen Kind Nähe aufzwingen, okay?

»Kann denn Liebe Sünde sein?«, sang Zarah Leander in dem Jahr, als Deutschland sich liebevoll mit dem Rest Europas vereinigen wollte. Heute stünde sie mit einem Fuß im Knast und mit dem anderen auf einem Podium der LGBTQI+-Bewegung – je nachdem, für welche Liebe sie sich starkmachte. 1938 eine heteronormative Konstellation; wie vieles, das in diesem Jahr in Deutschland passierte, eher nicht so progressiv. Vom Grenzverlauf des Deutschen Reichs abgesehen. Doch selbst heute sind Grenzen rascher überschritten, fremdes Territorium schneller annektiert, als man zurückschießen kann. Das geht mitunter so schnell, dass man sich selbst mit entsicherter Rhetorikwaffe sanft überreden muss, Veränderungen nicht hinterherzuhängen. So spiele ich oft mit dem Gedanken, Penisse zu mögen, und sei es nur als Ausrede, um Homowitze machen zu können. Leider mag ich wirklich ausschließlich meinen eigenen. Wirklich schade, schließlich entgeht mir damit die Hälfte des Büfetts. Aber man muss sich auch nicht immer alles in den Mund schieben, wenn man längst etwas gefunden hat, das man wirklich gerne isst. Dann darf es davon auch mal mehr ... aber ich schweife ab. Nähe zu Kindern. Heikles Thema, vor allem wenn man es so ausdrückt.

Entzieht man Kindern jegliche Nähe, Zärtlichkeit und Fürsorge, dann sterben sie. Das hat man in einer Zeit herausgefunden, als unmenschliche Experimente noch für wenig Empörung sorgten, weil es ausreichend arme Leute gab, nach deren Schicksal niemals irgendwer fragen würde – alles kommt wieder in Mode, also wird die experimentelle Anthropologie sicher eine neue Blüte erleben.

Menschliche Wesen brauchen also andere menschliche Wesen, um nicht zu verkümmern. Zumindest solange sie noch klein sind. Aber zum Glück sind wir ja alle erwachsen genug, uns damit abzufinden, dass wir keine Liebe verdienen, und haben über die Jahre der Missachtung und Ausgrenzung nach dem Rauswurf aus der Kinderstube Mechanismen erlernt, um fehlende Wärme und Liebe zu kompensieren. Es gibt ja auch so viel anderes, auf das sich unsere Liebe projizieren lässt – Baby Yoda beispielsweise. Diese nicht genau benannte Spezies hat riesige Augen, macht niedliche Geräusche und übererfüllt derart grotesk das Kindchenschema,[17] dass wir in unserer programmierten Verzückung ganz übersehen, dass er mit seiner grünen, behaarten Haut aussieht wie ein Hoden. Ein grüner Hoden. Hoden sind doch grün ..., oder?

---

[17] Alex, es werden doch nicht etwa Vatergefühle in dir aufkeimen? Reiß dich mal zusammen!

Mach dir nichts vor, das spart dir und deinem Therapeuten Zeit: Du kannst andere Menschen nicht ausstehen, geschweige denn lieben. Vielleicht ringst du dir gelegentlich mal ein wenig Sympathie für jemanden ab, gehörst vielleicht gar zu den Glücklichen, die enge Freundschaften knüpfen. Freundschaften, die dauerhaft und erfüllend sind. Die meisten aber hangeln sich gerade mal von der flüchtigen Bekanntschaft zum lauwarmen Langzeitverhältnis. Das ist keine Liebe, das gibt dem Leben keine Bedeutung. Die musst du in dir selbst finden.

Und da zurzeit das Zwischenmenschliche, das uns normalerweise von uns selbst ablenkt, noch weiter zurückgefahren ist, wird es umso wichtiger, sich selbst retten zu können. Immer wieder aufgefangen zu werden ist nämlich eine Illusion. Besonders wenn du ein selbstmitleidiges Wrack bist, und auch darin bin ich Experte. Wenn du aus dir selbst etwas schöpfst und darin Zufriedenheit findest, musst du Bestätigung nicht bei anderen suchen. Aber bis dahin ist es ein langer Weg. Sag Bescheid, wenn du es gefunden hast, ich komme dann mit dem Wagen nach.

BUSHALTESTELLENBLUES

Wie sich das Leben so ändern kann. Wie hast du denn deine Jugend zugebracht? In Wissenschaftswettbewerben, Museen, der Bibliothek oder mit dem Verfassen von Sonetten? Nee, wir auch nicht. Wir hatten Bushaltestellen. Oder Brücken. Oder Scheunen. Oder Abbruchhäuser. Oder Hochstände. Oder Wettertraufen. »Wetter-waaas…?«, fragt das Stadtkind. Dort jedenfalls standen wir dann und haben getrunken. Nein, wir wollen es nicht beschönigen – wir haben uns besoffen. Wilthener Goldkrone mit Anlauf in den Hals gerammt, ohne Rücksicht auf Verluste, die Realität aus dem Kopf geprügelt, die Umdrehungen durch den Körper geschädelt, bis jedes noch so trostlose Stück harten Asphalts zum gemütlichsten Nachtlager wurde. Langeweile, entschärft durch Destillat, Stumpfsinn mit Alkohol wieder zum Flutschen angeregt. Tagträume mit Branntwein gefüllt, bis sie sich wie das echte Leben anfühlten. Später sollten wir erfahren, dass dieses echte Leben eher der Taubheit gleicht, die der Rausch nach sich schleppt.

Ich kann nicht sagen, wie das Leben eines Stadtkinds aussieht und ob es einen Unterschied macht, ob der Körper vor einer Bar oder Bushaltestelle die Funktion vorübergehend einstellt. Zumindest atmeten wir dabei bessere Luft. Wir stürzten durch weniger Feinstaub. Mithin waren unsere Abstürze gesünder. Hochprozentiges beginnt ab über 56 Umdrehungen zu brennen, lernten wir fernab des Chemie- und Physikunterrichts. Derart angetrieben, zündeten wir den Turbolader zwischenmenschlicher Interaktion – Liebe und Hass im Zeitraffer. Das Spiel der großen Bühne in den Hütten der Kleingartenparzelle. Unsere Lungen voll Rauch und doch viel benebelter von hormongeschwängerter Luft. Nie mit den Fingern bei sich und mit dem Kopf sowieso immer ganz woanders. Abenteuer, Gefahr, Spannung – wir spielten unsere Helden und übernahmen die Hauptrollen der Verfilmung unserer eigenen Biografie. Sternstunden des eigenen Lebens, wie Feuerzeugbrandblasen in unsere Erinnerungen gebrannt. Nächte, die wir niemals vergessen, nicht zuletzt weil die darauffolgenden Tage noch keine so furchtbar verkaterten Trauerprozessionen waren. Als eine Woche lang drauf zu sein nicht auf ein Problem hindeutete – nicht zwangsläufig wenigstens. Woher sollen die Probleme auch kommen, bevor das echte Leben an die Tür klopfte? Öffne ihm nicht, es ist ein Vampir[18], der Probleme ins Haus trägt, wenn du ihn hereinbittest. Dann nuckelt er an dir, und bevor du merkst, dass er dir keine sexuelle Gefälligkeit erweist, sondern die Lebenszeit aus deiner an sich schon nicht prall gefüllten Selbstverwirklichungsbrieftasche stiehlt, ist es zu spät. Dann sind wir alte (weiße) Männer – voller Bedauern.[19]

In diese Zeit zurückzugehen fühlt sich an, als tauche man ein in einen Raum, der in einem Traum konserviert wurde. Ohne klare Kanten, ohne Anfang und Ende – ein ätherischer Tropfen, aus dem Verstand gelöst und bereit, ins Denkarium abgefüllt zu werden, wie bei *Harry Potter*. Nur

---

[18] Kein harmlos funkelnder ...

[19] Ein Zitat aus *Inception*. Nicht erkannt? Besser so, haben uns die Rechte zum Abdruck nicht leisten können.

anders als dort, wo durch Magie sichergestellt wird, dass nur die ungefilterte Erinnerung zu beobachten ist, ohne jede persönliche Einfärbung, sind unsere Erinnerungen überformt von Emotionen, notdürftig wieder aufgefüllten Lücken, radierten Flecken und der Illusion, sie seien wundervoll und kostbar und nicht etwa eigentlich mittelmäßig und anstrengend. Daher tut man alles dafür, herausragende Momente tatsächlich zu genießen. Die teuren Erinnerungen wirken umso süßer, je weiter sie in die Ferne rücken. Nicht wenige machen sich damit unglücklich, davon verblendet, zu hohe Erwartungen an sich und das Leben zu stellen, was sie schließlich in den Selbstmord treibt. Mag sein, dass ich hier mal wieder etwas dramatisch werde. Ich habe mir zuletzt öfter anhören müssen, ich neigte zum Theatralischen. Dabei ist auch das nur der Versuch, etwas Farbe und Würze ins Leben zu bringen. Denn was der Bushaltestellenblues der Jugendtage ist, der durch das kollektive Ersäufen der Gehirnzellen abgefedert wurde, ist heute das bisschen harmlose Dramatik, mit der wir unseren Alltag beleben. Der Klatsch und Tratsch der Prominenten wird weitergegeben, die Liebschaft der Nachbarin genüsslich seziert und peinlich genau auf deren Angemessenheit in puncto Zeitpunkt, Status und Fickbarkeit (wozu wir später noch kommen werden) abgeklopft. Und manchmal, nur manchmal, schaffen wir uns auch im direkten Freundeskreis ein wenig Drama – indem wir Gerüchte streuen, Probleme aufbauschen oder einfach mal die Wahrheit sagen. Erschüttert mich zum Beispiel ein Schicksalsschlag in den Grundfesten ... sagen wir, mein Lieblingslokal schließt wie gewohnt über den Nachmittag, was ich in meiner Planung aber nicht berücksichtigt habe, sodass ich nun in einem anderen Lokal essen muss, lasse ich natürlich niemanden im Unklaren über meine desaströse Stimmungslage!

Fatal wird es, wenn man über die sozialen Medien Menschen erreicht, die einen in diesem Zustand tatsächlich ernst nehmen und bestärken. Ich denke, damit haben wir viele sehr unangenehme Persönlichkeiten geformt. Und dabei spreche ich nicht nur von Donald Trump.

Wir bleiben im Grunde für den Rest unseres Lebens an der Bushaltestelle unserer Jugend stehen. Vielleicht nicht an derselben, weil wir zwischendurch in einen Bus eingestiegen sind, der uns an einer anderen wieder rausgelassen hat, von der wir dachten, dass sie unser Traumziel sei. Doch auch hier stehen wir uns wieder bloß die Beine in den Bauch, und während wir auf die nächste Verbindung warten, überfällt uns der Blues. Am Ende hilft uns nur die Erkenntnis, dass dieser Blues Bestandteil des Lebens ist und es uns allen guttut, ihn mal für einen Moment zu vergessen.

Ist das nicht schön gesagt? Hätte ich Gefühle, würde ich jetzt bestimmt ein Tränchen verdrücken. Und ich warne dich. Wenn du weinst, geht das Buch kaputt und ich garantiere, dass es keine Erstattung gibt, weil du zu schwach warst und bei der Lektüre zu heulen anfingst!

DIAGNOSE: GEFÜHLE

Es wird Zeit, dass wir uns einmal die Frage stellen, wieso die Menschen derart von der Liebe besessen sind. Warum drehen sich jede Geschichte und jeder Konflikt am Ende nur um das eine: ~~Geld,~~ äh ... Liebe? Ich meine Liebe. Oft wurde diese Frage gestellt und noch öfter haben Menschen, denen es auch um ~~Liebe~~, äh ... Geld ging, versucht, sie zu beantworten. Aber niemand hat bisher die richtige Antwort gegeben, dabei ist es ganz simpel: Die Liebe ist eine Krankheit, mit der wir uns alle irgendwann infizieren und die uns auf Lebenszeit geschwächt zurücklässt. Unangenehmer noch als COVID-19 also. Hältst du meine Worte für unsäglichen Blödsinn, bist du bereits infiziert. Wenn du mir zustimmst, bist du ebenfalls befallen und aus dir spricht bereits die Geschwächtheit. Machen wir uns also nichts vor – wir alle fallen der Liebe zum Opfer. Du bist ein deutlich größeres Opfer als die meisten anderen, freu dich nicht zu früh und sei nur froh, dass du nicht auch noch Bob heißt. Diese Behauptung werde ich im Folgenden wissenschaftlich belegen, denn so kennst du mich, gründlich und der Wahrheit verpflichtet.

Es gibt eine Zeit vor und eine Zeit nach dem ersten Verliebtsein. Seltsamerweise kann ich mich gar nicht mehr erinnern, wie es sich lebte, ohne dieses monströse Konglomerat von Emotionen mitzuschleppen, das abwechselnd vermisst, verachtet oder liebt. Als sei innerhalb der großen Maschine eine kleine Zusatzmaschine angelaufen. Das ist total kacke. Weshalb? Weil es danach schwierig wird, einfach nur zu vögeln. Beim ersten Verlieben entwickelt man nämlich so was wie eine Autoimmunerkrankung. Ab da kann man sich nicht mehr nur Arme und Beine brechen, sondern auch noch das Herz. Jedes verdammte Mal, wenn du einem hübschen Hintern etwas zu lange hinterherstarrst, droht ein schwerer Rückfall. Das Risiko ist immens. Nicht nur im Alltag, nein auch und besonders online. Dadurch, dass das Leben zu mindestens siebzig Prozent digital vonstattengeht, stolpert man ständig über Menschen, in die man sich verlieben könnte. Überall lauert Gefahr! Sei vorsichtig und immer wachsam. Am besten verliebst du dich niemals. ... Ach, es ist schon zu spät? Na, prost Mahlzeit, auch du gehörst zu uns armen Teufeln, die ihr ganzes Leben danach ausrichten, wem sie wann wie lang hörig sein wollen, um letztendlich verletzt in der Lache ihres eigenen Blutes um Gnade winselnd zusammenzubrechen.

Hand aufs Herz: Würde man sich noch mit Menschen einlassen, wenn man wüsste, am Ende bricht er oder sie mir das Bein? Vermutlich nicht. Andererseits kann ich mir vorstellen, dass dann alle die Sache ein wenig ernster nehmen würden ... Fremdvögeln würde plötzlich viel von seinem Charme verlieren, bekäme man zu Hause einen Vorschlaghammer aufs Schienbein. Natürlich muss man als Fremdgeher immer damit rechnen, dass der gehörnte Partner einem das Schienbein zertrümmert. Besondere Vorsicht ist geboten, wenn Wikinger mit gehörnten Helmen auf den Plan treten. In Wahrheit trugen die nämlich hörnerlose Helme, sogenannte Vendelhelme, also Obacht! Andererseits sollen sie auf ihren mittelalterlichen Montage- bzw. Demontagefahrten oft genug selbst fremdgegangen sein, ohne dass sich jemand groß darüber aufregte – wenn man der populären Serie glaubt. Obwohl schon die dort dargestellten Haarschnitte so schmerzhaft historisch inkorrekt sind, dass die Reenactmentszene zwei Jahre lang in Aufruhr war, bis dann plötzlich jeder Kerl auf langes Haar mit Undercut umstieg.

Jetzt denkst du: Der geistesgestörte Prinz schreibt tatsächlich über Wikinger, Serien und Frisuren, obwohl er eigentlich das Wesen der Liebe für uns aufschlüsseln wollte. Es beschleicht dich die Angst, dass der Autor auf Biegen und Brechen Seiten schinden will. Ein Buch von schlanken zwanzig Seiten nimmt ja schließlich niemand wirklich ernst. (»Scharlatan! Windbeutel!«) Der Vorteil wäre natürlich, dass du nicht so viel Zeit mit Lesen verlieren würdest. So ein Buch könnte ich dann sogar als Single veröffentlichen. Aber da wir schon zur Hälfte durch sind (Haha. In deinen Träumen!), können wir auch einfach fortfahren. Ohnedies leben wir in postfaktischen Zeiten. (Die Unzuverlässigkeit der Post ist ja allgemein bekannt – da kommen einige Fakten einfach nicht beim Adressaten an.)

Die Liebe gleicht einem Vorschlaghammer. Ein Vorschlaghammer diskutiert nicht, sondern hämmert naturgemäß stur auf sein Ziel ein. Einem Vorschlaghammer kann man nicht sagen: »Ich will nur mal ein bisschen an dir lecken.« Er drischt einfach weiter. Und was das Allerwichtigste ist: Einen Vorschlaghammer bekommt man nur schwer wieder aus dem Kopf. Liebe ist der Brutalismus unter den Gefühlen. (Was das ist? Für mich der schlimmste Baustil aller Zeiten – eine Information speziell für diejenigen, die an meinem Wikipedia-Eintrag herumdoktern wollen). Das Gebäude von New Scotland Yard in London wurde beispielsweise in diesem Stil errichtet. Das wusstest du nicht? Du bist wohl nie mit einem Fremdenführer unterwegs gewesen? Hast weder versucht, die Kronjuwelen zu stehlen, noch, die Londoner Underground in die Luft zu jagen ... Fremdenführer kann ich nicht empfehlen. Ich bin ein Freund der Städteerkundung auf eigene Faust. Selbstgelenkten Schritts durch fremde Straßen streifen und auf Überraschungen hinter jeder Biegung gefasst sein – das macht Städtetrips überhaupt erst so erlebenswert! Während man verschlungene Gassen, unbekannte Tiefen und schmutzige Geheimnisse entdeckt, sich an den Geruch und das Gefühl der Stadt gewöhnt, sich so, wie sie sich öffnet, auf sie einlässt, beginnt man über hässliche Ecken hinwegzusehen und zauberhafte Nachtstunden und traumtänzerische, warme Morgendämmerungen zu genießen. Man lernt ihre Sprache, fühlt ihren Puls und gewöhnt sich an das Leben mit ihr. Schließlich beginnt man, sich die Zukunft mit ihr auszumalen und *zack* – verliebt!

Ich erlebe intensive Momente mit Städten, die ich zum ersten Mal durchstreife. Padua, Prag, Paris, Potsdam ... Ein Scherz, nicht alle beginnen mit P; Wien zum Beispiel beeindruckt mich immer wieder ungemein. Na, und Halle selbstverständlich. Aber das brauche ich nicht extra zu erwähnen, oder? Doch der Glanz dieser Städte wird allzu schnell stumpf (Halle natürlich ausgenommen). Stürzt man sich also völlig verzaubert in eine Beziehung und zieht gleich noch in die dazugehörige Frau um (nein, halt, umgekehrt), wird das Erwachen ein böses sein. Vornehmlich, wenn man sich vom restbetrunkenen Schlendern durch bei Anbruch eines Samstagmorgens erwachende Gassen oder vom funkelnden Wirbel durchtanzter Nächte her kennt. Das abweisende Grau eines verregneten Sonntags hat selten verliebte Paare hervorgebracht.

Sind die leuchtenden, von Stuck prangenden Fassaden also fauler Zauber? Locken sie uns bloß, um uns dann im darunterliegenden Moloch verschlingen zu können? Sollten wir die Städte und ihre Verlockungen meiden, um ein beschauliches und ruhiges Leben auf dem Land zu führen, nur von kurzen und distanzierten Besuchen zur Befriedigung unserer Grundbedürfnisse unterbrochen? Wäre dieses Leben voller oder leerer als eines, das uns von Stadt zu Stadt treibt – Ekel und ein zertrümmertes Selbstbild im Gepäck? Aus Angst vor dem Sturz den Aufstieg meiden? In Terror vor dem Erwachen auf den Traumschlaf verzichten? Ein Leben ohne Peaks ist dröger Einheitsbrei. Eher bringe ich mich um, als auf sie zu verzichten, keine Magie mehr zu entdecken und keine Spannung mehr aufkommen zu lassen ... ich bin eben doch nicht ganz Pessimist.

Wie, du lebst gut in der Eintönigkeit und freust dich, dass es nicht so viel Aufregung in deinem Leben gibt? Also was denn nun? Entweder lässt du mich dir helfen oder du hörst weiter auf deinen inneren Kompass. Wäre dies bisher aber von Erfolg gekrönt, hieltest du mein Buch ja nicht in Händen. Lass mal wieder ein bisschen Risiko in dein Leben. Los!

WAS PASSIERT, WENN DIE FEUERWEHR BRENNT

Das Gehirn ist ein faszinierendes Objekt. Man sieht es nicht, versteht es nicht und eigentlich ist es auch kein Objekt sondern ein Subjekt – lebt in jedem doch ein kleiner Geist, der in einer Biomaschine über einen verkrusteten Metallklumpen irgendwo im Universum stelzt. Und manchmal trägt diese Biomaschine noch einen lustigen Hut.

So betrachtet, ist es ein Wunder, dass wir trotz allem in der Lage sind, rationale Entscheidungen zu treffen. Es ist ein bisschen so, als säße man im Bauch eines fliegenden, laserschießenden Dinosauriers und hätte zufällig ein Teppichmesser dabei. Wie komm ich da jetzt drauf? Ich höre gerade »True Survivor« von David Hasselhoff – der Soundtrack von *Kung Fury*. Schreib's dir auf die Liste, ist auch ein Überlebenstipp für dich. Du *musst* diesen Film gesehen haben. Und natürlich auch diesen Song mitsingen können. Manchmal erfreut mich meine kleine zentrale Verwaltungseinheit von Gehirn aber mit prachtvoll unnützen Ergüssen, die Leib und Leben potenziell gefährlich werden können. Als wollte es mich testen: »Na, ist dieser Trottel noch zurechnungsfähig oder ... ach verdammt, jetzt springen wir vom Dach.« Manchmal hat es aber auch so eine Art Hypothesenschluckauf. Eine Auswahl dieser Hypothesen versuche ich hier festzuhalten. Auf der Suche nach Themen sitze ich am Ufer der Saale und stiere auf eine dicke Nutria[20], die mir ihre gelben Zähne entgegenbleckt. Ich blecke zurück. Und plötzlich fällt es mir wie Schuppen von den Augen! Meine Güte, wieso habe ich nicht schon eher daran gedacht? Dabei ballte sich die Erkenntnis schon längst über meinem Haupt, troff fett in mein Unterbewusstsein und tränkte mich ... ist ja gut, ich höre auf, Zeilen zu schinden! Mmmh, Schinken ... da hätte ich jetzt nicht übel Lust drauf. Erinnern euch manche Worte manchmal an völlig andere, über die ihr dann nachdenken müsst? Nein? Schade, geht mir nämlich eigentlich auch nicht so. Ist ja gut – ich komme zum Punkt. Höho, *kommen* ... Also: Wenn die Feuerwehr brennt ... was passiert dann? Geht das Feuer automatisch aus? Hört das Universum auf zu existieren oder muss dann die ganze Stadt niederbrennen wie im Mittelalter? Diese und so viele andere Fragen plumpsen einfach so in meine Bewusstseinsbox. Wie auch diese: Wer kam vor 10000 Jahren auf die Idee, Gras so lange zu kultivieren, bis Mais (und allerlei anderes Getreide) daraus wurde? Man stelle sich einen Bauern auf der grünen Wiese vor, der sich sagt: »Wenn wir das jetzt ein paarhunderttausendmal durchmendeln, könnte aus diesen zwanzig Zentimeter hohen Halmen eine zwei Meter hohe Pflanze werden, deren Früchte hundertmal so groß sind wie jetzt.«

Als wollte man einen Salamander zu einem Drachen hochzüchten – inklusive Flügeln und Feuerspeien! Wenn Placebos funktionieren, wieso können wir uns dann nicht einfach einreden, wieder gesund zu werden? Klappt das? Ich kenne

[20] Für alle Nicht-Hallunken: Biberratte, Sumpf- oder auch Schweifbiber oder Coypu.

mich mit Autosuggestion nicht so gut aus, bloß mit Massensuggestion.[21] Ich meine, wenn man Salamander zu Drachen ummodeln kann, wird man sich doch wohl selbst ein paar neue Tricks beibringen können!

Jetzt kann ich es nicht mehr abstellen! Wer überwacht die Überwacher? Da fällt einem so vieles ein! Wer melkt die Milchbauern? Wer striegelt die Pferdepfleger? Wer umgarnt die Spinnerinnen? Wer zapft bei den Wirten ab? Wer verlegt die Rohre bei Klempnerinnen? Wer hat beim Tischler das Holz vor der Hütte – wobei der jetzt unsauber war. Egal. Ein bisschen pubertärer Humor darf auch mal sein. Worauf ich hinauswill, sollte doch sonnenklar sein, selbst dir: Unser Hirn ist zu Höchstleistungen imstande. Am meisten aber schätze ich die Befähigung zum Um-die-Ecke-Denken. Klar ist es erstrebenswert, die Herausforderungen des Alltagslebens optimal zu lösen und nicht etwa in Räumen mit verschlossenen Türen zu verhungern, ist zu überleben an sich noch keine herausragende Fertigkeit, auch wenn motivierende Instagram-Sprüche dir das weismachen wollen. Etwas anderes zu denken, als im entsprechenden Moment unmittelbar erforderlich ist – das ist die ganze Kunst. Verquere und ungewöhnliche Gedanken bringen uns als Menschen voran. Ebendieser kleine Schluckauf ist es, der unsere evolutionäre Entwicklung gepimpt hat. Wenn du in der Bahn fährst und deine Haltestelle verpasst, weil du plötzlich darüber nachdenkst, wie Farben schmecken. Wenn du eine halbe Stunde unter der Dusche stehen bleibst, weil dir das perfekte Produkt für schwangere Shetlandponys eingefallen ist, Ponystelzen nämlich, damit sie nicht mit ihren Bäuchen am Boden hängen bleiben. Wenn du aus einem Traum erwachst, der so cineas-

---

[21] https://www.twitch.tv/derdunkleparabelritter.

tisch war, dass du versuchst, wieder einzuschlafen, um den zweiten Teil der Geschichte zu erfahren, immer noch ganz fasziniert von der Erkenntnis, das Zeug zu einem herausragenden Regisseur zu haben – wenn man dich am Set nur einfach schlafen ließe!

Das ist wilde, ungezügelte Kreativität, die aus jedem von uns herausbricht wie die Kotze aus einer Sechzehnjährigen in der Dorfdisco, auch wenn das Leben und der Alltag sie mit aller Kraft zurückzuhalten versuchen.

Ich glaube, dass wir alle die Möglichkeit hätten, uns öfter kreativ auszudrücken – aber wir lernen nicht, wie das geht. Um genau zu sein, kann man das auch nicht lernen. Gerade *weil* wir immer davon ausgehen, dass jede Fertigkeit erlernt werden kann und muss, übersehen wir die Fertigkeiten, die uns nur zuteilwerden, wenn wir gerade *nicht* durch die Zeit jagen und mit Gewalt nach etwas zu greifen versuchen. Einfach mal »brain afk« sein, plötzlich mal auf den eigenen Teppich legen, Gesicht voran (bitte vorher staubsaugen, sonst erstickt man am Essen der letzten 24 Monate) und den eigenen Gedanken beim Herumsausen zuhören. Erzeuge einfach deinen eigenen Schluckauf und überrasch dich selbst, indem du deine Kreativität kalt erwischst.

Dieses Kapitel war viel zu versöhnlich für dieses Buch. Soll nicht wieder vorkommen, versprochen. Behandeln wir schnell wieder was Deprimierendes!

RESPEKT? *SWIPE LEFT*

Zentrales Thema eines jeden menschlichen Lebens ist nun mal der leidige Umgang mit Artgenossen. Wenigen Glückliche unter uns gelingt es, den Großteil ihrer Zeit ohne menschliche Kontakte – oder zumindest nur mit ganz wenigen ausgewählten Menschen – zuzubringen. Zum Beispiel wenn sie ohne Rückfahrkarte zum Mars geschickt werden. Nun kann nicht jeder einfach zum Mars fliegen, sonst würden dort am Ende auch wieder viel zu viele von uns herumschlurfen und die schöne Einsamkeit versauen. Eine grundlegende menschliche Schwäche. Kaum ist es irgendwo schön, stürmt man hin, um eine Einkaufsmeile zu errichten, die noch mehr Menschen anlockt. Und seitdem Instagram sowohl unsere Realität als auch unsere Träume kontrolliert, ist überhaupt kein Ort mehr sicher. Klar könnte man sagen, dass nur solche Orte vom touristischen Heuschreckenbefall geplagt sind, die ausgesprochen fotogen sind. Aber ich habe schon oft genug weidlich geinstafollowte Frauen gedatet, um sagen zu können: Auf Fotos kann so ziemlich alles gut aussehen. Immer bloß eine Frage des Fotografen und des Selbstvertrauens (oder der kriminellen Energie). Also ja, im Grunde ist jeder Ort auf diesem Planeten, den irgendwer auf ein hübsches Foto gebannt hat, potenziell verloren. Deshalb müssen wir uns leider darauf einstellen, überall Menschen zu begegnen. Es gibt Ausnahmen – zu denen kommen wir in einer anderen Lektion. Ja, natürlich kannst du sofort vorblättern. Ich bin dir nicht böse. Höchstens *ein ganz klein wenig* enttäuscht, weil du es nicht für nötig hältst, dieses Kapitel zu Ende zu lesen, mit dem ich mir so viel Mühe gegeben habe. Wo war ich? Da ein Zusammentreffen mit anderen Leuten nicht immer zu vermeiden ist, sollte man sich Grundkenntnisse für den Umgang mit ihnen aneignen.

Am wichtigsten ist sicher, Menschen als das zu betrachten, was sie sind: Statisten. Der Protagonist bist *du.*[22] Die Statisten haben das Potenzial, in dein Leben einzugreifen oder in einer Massenszene einfach nur immer wieder an dir vorbeizulaufen. (So viele Menschen sind das übrigens gar nicht, sondern gerade genug, dass dein Gehirn nicht merkt, dass du ständig denselben Leuten begegnest. Schließlich haben wir ja gelernt, dass das Gehirn nur einen Bruchteil seiner verfügbaren Arbeitsleistung nutzt. Daher ist auch die Grafik bei vielen so minderwertig, dass sie mit Brillen oder Kontaktlinsen nachhelfen müssen.)

Der Statistengedanke lässt mich nicht los, zugegeben. Denn er könnte dazu verleiten, dass du einfach ab und an über einen drüberfährst oder mögliche Kontaktaufnahmen komplett ignorierst. Besonders wenn du ihn schon überfahren hast. So ein Reifen im Gesicht macht noch jede Quasselstrippe mundtot. Du musst begreifen, dass dich zunächst mal niemand kennt und keine Fremdhandlung unmittelbaren Einfluss auf dein Leben nehmen kann, wenn du es nicht zulässt. Okay, außer dieser Statist fährt *dich* über den Haufen, aber dann war das eben eine dramatische Wende in deinem Drehbuch. Oder – lassen wir einmal wild unsere Fan-

---

[22] Ja, du wirst von einem unsichtbaren Kamerateam verfolgt, selbst – nein – gerade wenn du unter der Dusche stehst oder dich selbst befriedigst. Welcome to the Truman Show!

tasie spielen – ein »Virus« greift plötzlich um sich und alle Statisten kaufen dir ... hm ..., sagen wir, das Klopapier weg. Absurd, ich weiß. Versetzen wir uns lieber in eine alltägliche Situation. Du kaufst im Biomarkt um die Ecke ein. Das von Babyantilopen schonend gekaute Leinsamenöl auf Hanfbasis beispielsweise, ich hab keine Ahnung, was man in solchen Läden außer Tee, Käse und veganen Kondomen (Wozu? Man ummantelt damit doch eh ein Würstchen) kaufen kann. Und die hübsche dreadbehangene Kassiererin schmachtet dich mit ihren babyblauen Augen an – du hast die Wahl. Sie kann für immer eine Statistin bleiben. Oder du gibst ihr den Korb ihres Lebens, weil du Dreads einfach nur abstoßend und widerlich findest, woraufhin sie nach Hause fährt und sich damit im Keller erhängt. Nee, Moment, wir wollen positiv denken! Du gehst mit ihr auf ein Date, ihr versteht euch herrlich. Es fliegen die Funken, so ein richtiges Feuerwerk der Emotionen und ihre Dreads fangen Feuer ... Mist! Ich meine, deine Hände werden feucht, wann immer sie die Augen aufschlägt. Bewundernd musterst du ihren Hals und wünschst dir, mit den Lippen sanft daran entlangzufahren. Der exotische Geruch von Nag Champa strömt in deine Nase und macht dich neugierig auf mehr. Ihr beschließt, euch wiederzusehen, auf dem Weg zu eurem nächsten Date im Pub bekommst du schon weiche Knie und nach ein, zwei Ale beschließt du, dass drei Dates vor dem ersten Sex nicht nur vergeudete Zeit, sondern bürgerlicher Quatsch sind, schleppst sie zu dir nach Hause ab und hast *zack!* dein Leben um den nächsten großen Fehler bereichert. Sie ist nach ein paar Wochen weg, dein Herz ist gebrochen, du ekelst dich vor Dingen, die du sie mit dir hast anstellen lassen, und außerdem juckt es im Schritt. Okay, sorry. Ich bin nicht gut in Lovestorys. Doch wenn *du* gern mein nächster Fehler sein willst, schreib mir jederzeit 'ne PN auf Instagram. Dreads bevorzugt. Und aus dem Kontext des zuvor Geschriebenen lässt sich ableiten, dass ich nicht aus meinen Fehlern lerne.

Ob Menschen Einfluss auf dein Leben haben, liegt in deiner Hand. Damit meine ich nicht nur Bettgeschichten, an die man immer denkt, wenn es um Fremde geht (besonders wenn man einen entsprechenden Fetisch hat, der durch Tinder und Co. heutzutage perfekt bedient wird und abseits dunkler Gassen stattfinden kann). Nein, auch bei Mobbing und schlimmen Gedanken: Wenn dich beispielsweise der Banknachbar deiner besten Freundin als »fettes, hässliches Ekelschwein« bezeichnet, kannst du ihn a) zusammen mit seiner Familie in einem großen Bottich Salzsäure auflösen oder b) dir vor Augen halten, dass seine erbärmliche kleine Existenz dich strahlenden Kometen nicht von seiner tödlichen und durch kosmische Kräfte vorgezeichneten Bahn abzulenken vermag.

Entscheidest du dich reflexartig für a), was nur zu verständlich wäre, spielt dieser mobbende Statist plötzlich eine sehr zentrale Rolle in deinem Leben. Es sei denn, du kannst die Tat erfolgreich vertuschen und kommst mit dem süßen Gefühl des Triumphs davon. Dann will ich nichts gesagt haben. Aber ich glaub da nicht so richtig dran. Bei b) ist natürlich etwas Selbstprogrammierung notwendig. Oder ebendas nötige Selbstbewusstsein. Aber auch Selbstbewusstsein entsteht erst mit dem *Willen* zu mehr Selbstbewusstsein – und mit der Erkenntnis, dass alle Menschen da draußen für dich und deinen Lebensweg nur dann relevant sind, wenn du es zulässt. Toll, wie ich dir hier wieder mit simpelster Küchenpsychologie die Haut rette. Hättste auch selber drauf kommen können. So, und nun zu dem Kapitel, zu dem du schon die ganze Zeit gern vorgesprungen wärst, hättest du den Schneid gehabt, mich derart zu enttäuschen.

MEHR SEXDATES!

Der Mensch ist auch nur ein Tier und Moral ist bloß eine Fassade, hinter der man sich verstecken kann, bis man so interessant geworden ist, dass irgendein Journalist hinter unsere pseudointellektuelle, streberhafte Fassade zu blicken versucht. Junger Freund oder junge Freundin – ich weiß ja nicht, ob du die Seiten mit dem Penis oder den Schamlippen umblätterst, lass dir von Onkel Alex eines gesagt sein: Auch wenn wir es noch nicht wissen oder uns etwas anderes einreden, wir sagen selten Nein. Ich habe in meiner Singlezeit ein-, zweimal eine bis dato platonische Freundin überraschend geküsst. Wir sind im Bett gelandet – Hoppla! –, ohne dass es vorher je das kleinste Anzeichen gegenseitiger sexueller Anziehung gegeben hätte. Zumindest ohne einen Hinweis, den ein emotionaler Karbonitblock wie ich ohne Zuhilfenahme eines frühmittelalterlichen skandinavischen Fährtenlesers erkannt hätte. Wie kommt das? Auch wenn wir die Freundschaft hochschätzen, sind wir uns für sexuelle Freuden nie zu schade, selbst, wenn wir damit Gefahr laufen, die Freundschaft zu beschädigen. Merke also: Sex toppt fast immer alles andere. Und fast alles hat immer mit Sex zu tun.

Nehmen wir zur Veranschaulichung Lego. Wer seinem Kind große Mengen dieser Kunststoffklötzchen kauft, beschäftigt sich wahrscheinlich deutlich intensiver mit dem Kind. Oder wenigstens mit dem komplizierten Bausatz, während das nutzlose Balg an einem Lego nuckelnd danebensitzt. Ein paar Tage später wird die noch weit nutzlosere Katze den Stein fressen, daran verenden und schließlich eine tief greifende Krise in der elterlichen Beziehung auslösen. Wie kommen wir nun von Lego und Katze zum Sex? Ganz einfach: Die Krise ist deutlich tiefer, als die Eheleute wahrhaben wollen. Immerhin ist ihnen entgangen, dass sie sich durch Routine und die Schrecken junger Elternschaft immer mehr entfremdet haben. Der im wahrsten Sinne des Wortes unbefriedigende Sex allein wäre schon Grund genug zur Sorge gewesen. Sie trennen sich still und mit großem Bedauern, aber innerlich aufatmend, dass nun jeder seiner Wege gehen kann. Eine Chance, Erlittenes zu heilen und zu wachsen. Sie erfährt durch ihre um ihre emotionale Gesundheit besorgten Freunde von einer neuen Bar in der Stadt, die sie besuchen will, um unter Menschen zu kommen und sich zu beweisen, dass sie nach Jahren der Ehe nicht unattraktiver oder – noch schlimmer – uninteressanter geworden ist. Niemals wollte sie werden wie all die Helikoptereltern, deren Leben einzig um ihre Kinder kreist. So verabredet sie sich mit einem Fremden, den sie auf einer Datingplattform kennengelernt hat, an einem Donnerstagabend in der bewussten Bar. Sie wählt den Ort in der uneingestandenen Absicht, dem Date zu zeigen, wie sehr sie noch auf der Höhe des gesellschaftlichen Lebens ist, dass durch ihre Adern noch richtiges, mit Sauerstoff angereichertes Blut fließt statt des Mumienstaubs antiker Gräber, wie bei vielen Menschen ab fünfzig oft zu beobachten ist. Die Bar ist in dämmriges, bernsteinfarbenes Licht getaucht, im Hintergrund läuft rauchiger Swing der 1920er-Jahre. Vermutlich eine Coverband, die ihr Auskommen damit hat, auf zwei Retropartys pro Woche *Babylon Berlin* zu mimen. Sie wählt einen Tisch am Fenster, nur wenige Gäste sitzen an einem Werktag um sie herum und so ziehen die strammen Schritts vor dem

Fenster durch die kalte Oktobernacht Vorübergehenden ihren Blick auf sich. Darüber entgeht ihr, dass sich ihr Date verspätet. Erst als sie angesprochen wird, kehren die Gedanken aus der Versonnenheit zurück. Zuerst sieht sie breite, raue Hände, die ein Klemmbrett umfassen. Schwarzes Haar sprießt auf den Handrücken, und ihr Blick fährt gebräunte Arme hinauf, bis sie in langes, offenes Haar tauchen, das über die Schultern des Garçons fällt. Der kurze Bart zeichnet dem Kinn eine scharfe Kontur und rahmt das kesse, halbe Lächeln, das auch aus seinen Augen blitzt. Eine kleine Narbe kreuzt die linke Augenbraue und verleiht ihm etwas Verwegenes. Als sie erkennt, dass vor ihr aus irgendeinem Grund Jason Momoa steht, fällt sie über ihn her und vergisst vollkommen, dass sie eigentlich ein Date hatte. Ende der Geschichte. Damit ist doch sonnenklar: Kauft eurem Kind Lego, dann werdet ihr eines Tages mit Jason Momoa schlafen.

Wie, ich bin mit dem Kapitel noch nicht fertig? Hab ich denn die Lektion noch nicht stringent genug herausgearbeitet? Okay ... noch ein Beispiel gefällig? Ein brauchbares diesmal? Also: Wieso ist es wohl so interessant, Rockstar zu sein – damit meine ich auch Menschen wie Jason Momoa, die nicht direkt was mit Musik zu tun haben? Weil man dann sein Leben in Tourbussen verbringt und Tausende Autogramme schreiben kann? Den ganzen Tag Party macht und Drogen nimmt, in der Realität zu leben verlernt, all seine persönlichen Kontakte verliert und irgendwann vor lauter drogeninduzierter Paranoia nicht mehr weiß, wer es gut mit einem meint? Weil man sein ganzes Geld nur noch dafür ausgibt, die Depressionen zu verdrängen, die immer wieder an den Strand des Bewusstseins gespült werden, sobald Ruhe um einen einkehrt? Immer von der Angst getrieben wird, dass jedes kleine bisschen Erfolg, das man sich erarbeitet hat, wieder verschwindet und man sich in ein Wrack verwandelt? Nein, man wünscht sich schon eine gewisse Wertschätzung. Auf der Bühne stehen, vor Tausenden Menschen, die die eigenen Gedanken aus vollem Halse mitsingen. Mit seiner Kunst Menschen berühren – *irgend*jemandem *irgend*etwas bedeuten, größer sein als das eigene Leben. Warum nicht anonym veröffentlichen? Nein – wir wollen, dass *wir* anderen Menschen etwas bedeuten. Wir wollen, dass sie zu *uns* aufsehen, *uns* lieben. Was aber ist diese Liebe, wenn wir sie nicht spüren können? Wir wollen sie in uns aufnehmen, es gibt keine reinere Euphorie, als von Hunderten Menschen literally auf Händen getragen zu werden – ich weiß es, ich hab's bei einem Fantreffen erlebt. Deswegen kenne ich die Angst, dass alles wieder vorbei sein könnte, und die Depression und den zermalmenden Druck. Es geht um Anerkennung. Und was ist die intensivste Form von Anerkennung? Coitus per Os.[23] Hatternich gesagt! Doch. Hatter. Mit alledem geht einher, dass man sein Sexleben upgradet. Man kann jetzt buchstäblich »jeden« haben. Und das nutzt man eine Zeit lang aus bis zum Abwinken. Am Ende ist das der Höhepunkt, lol, deines musikalischen Wirkens. Du kannst Sex mit Menschen haben, die dich nur deswegen attraktiv finden, weil du jemand bist, und dich ansonsten komplett ignorieren würden! Selbes gilt für alle, die irgendwie in der Öffentlichkeit stehen. So funktioniert das natürlich auch mit Reichtum. Du bekommst einen Boost in einem der wichtigsten Grundbedürfnisse, die dich als Menschen ausmachen. Keine Datingplattformen, keine peinlichen Anmachsprüche, keine unangenehmen ersten Treffen, bis du jemanden ins Bett bekommst. Ist das sexistisch, menschenverachtend, machohaft, chauvinistisch, ver-

---

23 Fellatio. ... okay, Oralsex, damit auch du verstehst, worum es geht. (Siehe auch Cunnilingus, unbedingt mal ausprobieren!)

werflich? Ja. Alles zusammen. Ich denke, man kann damit auf drei verschiedene Weisen umgehen:

a) Man lehnt es ab und ringt jeden Tag aufs Neue um moralische Standhaftigkeit.
b) Man lässt sich gehen und feiert es, genießt die Macht über andere und entwickelt ein behandlungswürdiges Egoproblem.
c) Man rechtfertigt es vor sich selbst damit, dass sich die Parteien gegenseitig ausnutzen, um ihren Status zu verbessern.

Mein Analytiker rät zu a), mein Dealer zu b) und mein Anwalt zu c). Such's dir aus! Hältst du es mit b) oder c), wirfst du gelangweilt oder verkatert einen Blick auf die Leute, die deinen Storys auf Instagram folgen, und suchst dir einfach die heraus, die du attraktiv genug findest, sie dir im Bett vorstellen zu können. Schnell ein bisschen hin- und hergeschrieben, dazu hat man genug Zeit, wenn man sowieso den ganzen Tag nix Besseres zu tun hat, als seinen Kadaver quer durch ein fremdes Land schaukeln zu lassen. Sobald die nächste Stadt erreicht ist, kann man auch mal außerhalb des Tourbusses übernachten – oder hat zumindest eine Ausrede, warum man nicht zum Frühstück bleiben kann. Kann man tatsächlich nicht, da die Gespräche dann schon langsam unangenehm werden. Schließlich weiß die andere Person quasi alles über dich – und was sie noch nicht weiß, solltest du auch besser nicht preisgeben, sonst wirst du sie vielleicht nicht so schnell wieder los. Dank der immer direkteren, schnelleren und unkomplizierteren Art, sich über Apps Sex quasi frei Haus bestellen zu können, eine Entwicklung, von der ich erwarte, dass sie in Zukunft noch viel schneller und effektiver vonstattengehen könnte – so ähnlich wie bei *Rick and Morty* SE4 EP3: eine App, die dir den für genau diesen (und nur diesen) Augenblick perfekten Menschen präsentiert, auf den du dich ohne einen weiteren Gedanken sofort stürzen kannst – allerdings nur so lange, bis der Algorithmus dir ein neues, für den nächsten Moment passendes Match zuweist –, wird das alles für immer mehr Menschen Realität werden, eine Realität, in der sich auch alte Bekannte wieder willkommen fühlen werden. Syphilis zum Beispiel. Hätten Aliens in dieser Folge nicht vorgehabt, die Menschheit um ihr Wasser zu erleichtern, während diese vor Liebe sprichwörtlich erblindete, wäre es eine tolle Zukunftsperspektive – wenn man keinen Wert auf langfristige Beziehungen legt zumindest. Diese scheinen mir aber ohnehin immer seltener vorzukommen. Wohl weil man so gut vergleichen und auswechseln kann. Auf diesen Zug hätte Quelle mal aufspringen sollen. »Sex aus dem Katalog – meine Quelle«. Manche erinnern sich. Im Grunde ist ein Sexdate per se eine ehrliche und segensreiche Angelegenheit. Menschen kommen zusammen, um zu kommen, bis sie wieder gehen. War das schon Poesie? Ich denke, ja.[24] Der ganze Ballast, den die andere Person im Laufe der letzten hundert Sexdates oder längeren Verbindungen auf sich geladen hat, belästigt uns maximal in Form seltsamer Neigungen. Doch wir müssen uns genau wie unsere Vorgänger keine Gedanken darum machen, ob wir ein Schlachtfeld hinterlassen. Keine Verbindlichkeiten, keine Pflichten. Heute kann eigentlich jeder Rockstar sein. Also zumindest der Teil mit dem sexuellen Wegwerfverhalten. Das ist für jedermann möglich. Ein Hoch auf die sexuelle Revolution! Manchmal allerdings wird man auch überrascht. Tatsächlich hatte ich einmal das Vergnügen, einer befreundeten Band eine Dame abspenstig zu machen, die ich zwar menschlich durchaus schätze, die moralisch aber völlig verkommen ist. Also die Band. Über die Dame kann ich das nicht sagen. Ein-

[24] Andere Ansicht vertretbar.

fach diese Dame mit ihrem unkeuschen Verhalten in die Bredouille bringen! Und überhaupt: Wenn hier jemand sie knallt, so bin ich das! Im Hotel angekommen, haben wir uns dann so über Gott, die Welt und existenzielle Fragen verquatscht, dass wir am Morgen einschliefen, ohne dass auch nur irgendetwas passiert war. So seltsam das klingt und sosehr ich mich geärgert habe – das blieb mir in besserer Erinnerung als manch anderes Stelldichein. Habe ich gerade meiner eigenen Aussage widersprochen, dass es eigentlich immer um Sex ginge? Eigentlich nein – denn ich kann ja nie sicher sein, ob der Sex nicht noch besser gewesen wäre.

PROBLEME? KEIN PROBLEM!

»Meine Güte, der Säbelzahntiger da draußen hat den Langbärtigen aus der Nachbarhöhle direkt an unserem Wasserloch zerfleischt! Jemand muss mal die Reste rausfischen. Brobnark, heute bist du dran!«[25]

Brobnark hat jetzt folgendes Problem: Er muss das Wasserloch seiner Sippe reinigen, damit der verwesende Kadaver des langbärtigen Typen aus der Nachbarhöhle ihr Trinkwasser nicht verseucht. Allerdings ahnt der Säbelzahntiger mit großer Wahrscheinlichkeit, dass womöglich gleich noch eine Portion Nassfutter auf zwei Beinen auftaucht. Andererseits würde die Keule seines Clanchefs nicht ohne Probleme aus seinem Schädel eitern, wenn er sich weigerte. Wir wissen natürlich nicht, wie sich Brobnark am Ende entschieden hat. Vermutlich ist er kurz darauf an einer Vergiftung gestorben, weil man da noch nicht wusste, dass verseuchtes Wasser der Gesundheit abträglich ist. Unangenehm allemal.

Schauen wir ein paar tausend Jahre später wieder rein. Bei einem stattlichen Herrn namens Mbuto. Er ist Galeerensklave und rudert mit allem, was sein ausgezehrter Leib hergibt, um das römische Kriegsgerät gegen eine karthagische Trireme zu wummern. Vor zehn Jahren wurde er von einem

[25] Frei aus dem Neandertalischen.

Sklavenhändler an einen römischen Edelmann verscherbelt, der ihn erst ein paar Jahre auf seiner Olivenplantage schuften ließ – ein erträgliches Schicksal – und beim Ausbruch des Dritten Punischen Krieges schließlich auf die Galeeren Scipios' sandte. Mbuto würde sich ja Gedanken über sein Schicksal machen, wenn nicht in diesem Moment der eherne Rammsporn des römischen Kriegsschiffes in die Trireme drängte. Ja, »ungemütlich« könnte man sagen, wenn das Personal plötzlich quer durch den Schiffsrumpf segelt und verzweifelte Männer kämpfend versuchen, ihr Leben zu retten, während unter ihnen und um sie herum der Tod lauert, da die wenigsten von ihnen schwimmen können. Gleich, denn hundert Kilometer vom Festland entfernt ist auch der Träger des Seepferdchens hoffnungslos verloren. Jedenfalls: *Das* sind Probleme.

Keine Probleme sind dagegen, wenn man aus dem WLAN des Lieblingcafés fliegt, ein Text nicht befriedigend gegendert ist oder die Pumpkin-spiced-Latte-Saison bei Starbucks zu Ende geht. Wobei mich Letzteres zugegeben immer wieder in tiefe Krisen stürzt und ich tatsächlich schon lange Fahrtstrecken dafür auf mich genommen habe ... Wir stellen fest: Das Umfeld bestimmt den Problemcharakter unserer Situationen. Wenn mir auf dem Weg ins Büro regelmäßig ein Säbelzahntiger begegnete, würde ich mich sicherlich weniger darüber echauffieren, dass ich sechs Minuten auf die Straßenbahn warten muss, sechs Minuten, die auch der Fußweg dauerte, weil mein Büro nur zehn Minuten entfernt liegt und die Bahnfahrt ja auch ein paar Minuten dauert. Das ist Entscheidungsdruck, der mich alltäglich quält. Dabei ist es nicht so, dass ich mir den Weg durch einen potenziell tödlichen Dschungel schlagen muss oder mich in der Straßenbahn vermummte Attentäter erwarten – nur vermummte Hooligans und andere Leute mit Mundgeruch, die mir zu nahe auf die Pelle rücken ... was ja im Grunde nichts anderes ist als ein Giftgasanschlag. Trotzdem vertun wir unsere Zeit damit, auf Twitter Leute zu denunzieren, wenn sie anderer Meinung sind, oder in Depression zu versinken, weil unsere Lieblingsband nie in unserer Stadt auftritt[26] oder man auf der Party das gleiche Outfit trägt wie die dumme Jacqueline aus der Parallelklasse. Woher konnte Benjamin das aber auch wissen? Halte es künftig so wie ich: Wenn du dich demnächst darüber aufregst, dass jemand in deinem Freundeskreis ein blutiges Steak vertilgen will, stell dir vor, wie behaglich es Opa Horst gefunden haben muss, als er vor Stalingrad am Oberschenkelknochen seines Kameraden Klaus nagte. Geschmacklos? Keine Ahnung, ich habe noch kein Menschenfleisch probiert. Aber wer weiß, was die Zukunft bringt. Außerdem bin ich offen für neue Erfahrungen, eine gute Eigenschaft, die auch du dir zum Vorbild nehmen solltest! Manche Menschen sind bemüht, ihren sexuellen Erfahrungsschatz zu erweitern – mir geht es eben mit Essen so. Prioritäten sind wichtig. Womit ich nicht sage, dass gutes Essen keinen sexuellen Charakter hat. Apropos Sex, darüber könnten wir als Nächstes sprechen, ich glaube, das ist nicht ganz unbedeutend für dein Leben, oder? Ich meine, so oft, wie du drüber nachdenkst und dir wünschst, auch endlich welchen zu haben. Ja – ich kenne deinen Browserverlauf, du kleines Ferkel! Woher, fragst du? Nun, weil ich Boss-Erzähler[27] bin, Bitch.

---

[26] Ja, Rammstein, du bist gemeint! Und guck nicht so unschuldig, Tool, das betrifft auch dich!

[27] Jargon für auktorialer Erzähler.

WIE MAN MENSCHEN ENTKOMMT

Die Kunst, im Notfall mit anderen Menschen auszukommen – das Thema haben wir schon mehrfach angeschnitten. Und mit »wir« meine ich »ich«. Aber ich weiß aus eigener Erfahrung, dass man nicht immer und schon gar nicht auf Dauer mit Menschen auskommen kann. Tatsächlich habe ich Onlinegames und Streaming schon immer gehasst, weil man da so viel mit seinen Gegnern ... äh, ich meine, Mitmenschen interagieren muss. Wenn ich einen Controller in die Hand nehme, möchte ich einfach nur töten. Ganz für mich allein, ohne dass mir jemand dabei zusieht oder mich auf Nepalesisch als Hundesohn bezeichnet – obwohl Hunde in Nepal sogar hoch geschätzt werden. Doch auch für Lob habe ich in diesem Kontext einfach nicht die Nerven. Die Zeiten des Tötens vor Publikum wähnte ich seit den Arenakämpfen im alten Rom überwunden, aber so sind die Menschen! Sie werden sich wohl nicht ändern oder für weniger blutrünstige Spektakel begeistern lassen. Genau daher tut es manchmal not, sich von ihnen zu distanzieren – und das nicht nur mit einem halbherzigen Tweet.[28] Eine Möglichkeit habe ich dir bereits angedeutet: die Flucht zum Mars. Vorteil: Er ist wirklich verdammt weit weg. Nachteil: Wer diesen Plan verfolgt,

[28] Wie jeder rechte Allerweltspolitiker nach einem Terroranschlag ...

trägt dazu bei, ihn für alle scheitern zu lassen. Also bitte: Finger weg vom Mars! Es gibt jedoch andere Möglichkeiten. Allein in Schweden existieren 221.831 Inseln, von denen nicht einmal tausend bewohnt sind. Anders als in Indonesien, wo über 17.500 im Pazifik verstreut liegen, gibt es hier nur wenige von Kannibalen besiedelte (wenngleich ich das nicht beschwören möchte – Skandinavier sind ein seltsames Völkchen). Dann gibt es noch Mikronesien, aber Radioaktivität ist sooo Achtziger ... Wenn sich also jeder eine eigene Insel unter den Nagel risse, wäre schon vielen geholfen. Natürlich besteht die Gefahr, dass man eine Insel zugeteilt bekommt, die nur aus einer Handbreit kahlem Fels besteht. Damit hat man aber immer noch mehr bezahlbaren Wohnraum als in München. Leider ist noch die hinterletzte Insel dieser Welt irgendwann besetzt, und man muss sich nach Alternativen umschauen. Ich habe einen Traum, den ich mir für Nächte aufhebe, in denen ich nicht einschlafen kann, weil mich z. B. die Last der Verantwortung erdrückt, wie es immer mal wieder vorkommt, wenn ich daran denke, wie viele desaströse Ratschläge ich Typen wie dir im Laufe des Tages unterjubele.

Eine Zeile betretenes Schweigen.

Und weiter. Ich träume also, dass ich ein eigenes Land gründe – einfach da, wo ich stehe. Von dort breitet sich ganz langsam eine geisterhafte Kuppel aus, die alle Menschen, auf die ich keine Lust habe, einfach wegschiebt. Und damit meine ich wirklich alle, die in der Zukunft irgendwie negativ in mein Leben hineintrampeln könnten. Wie, das ist total unrealistisch, dass die Kuppel das erkennt? Pah! Aber das mit der Kuppel an sich ist vorstellbar? Jut, alles klar. Da diese meine Lieblingsvorstellung leider auch nur *mir* zugutekäme, überlegen wir uns halt was anderes: in den Wald ziehen! In

Europa ist uns nicht mehr allzu viel unberührter und vor allem ungestörter Wald geblieben. Doch vom Ural bis Ontario hat man diesbezüglich sehr viele Möglichkeiten, sich auszubreiten. Der Vorteil dabei sind die frische Luft und die Nähe zur ungezähmten Natur. Nachteile zählen sich rasch auf, so gibt es ja einen Grund, warum diese Gebiete noch nicht von Menschen überformt wurden. Dort will einfach keiner leben. Für ein paar Leute findet sich bestimmt ein schönes Plätzchen in einem warmen, lichten Laubwald – aber die besten Plätze sind sicherlich schnell vergeben, sodass nur noch borealer Nadelwald infrage kommt. Dort darfst du dich mit Bären und der Baba Jaga um kümmerliche Kartoffeln prügeln. Und im Sommer wirst du von Mücken gefressen. Nee, also ganz ehrlich, wenn's irgendwo Mücken gibt, dann geb ich mich lieber mit Menschen ab.

Hast du *Matrix* gesehen? Wenn nicht, dann geh dich bitte jetzt vergraben. Hm, auch eine gute Idee ... Darauf kommen wir noch zurück. Eine super Alternative wäre, sich komplett aus dieser Realität zu verabschieden und in eine Simulation zu begeben, in der sich Menschen genau so verhalten, wie du es wünscht. Allerdings müsste dein Körper für den Rest seines unbewegten Lebens versorgt und das System fehlerfrei in Funktion gehalten werden – nicht dass du irgendwann völlig verkümmert erwachst und in der verrottenden Realität des Raumes, den du vor dreißig Jahren Richtung Cyberspace verlassen hast, verhungerst. Auch irgendwie zu gefährlich, oder?

Um den Gedanken des Selbstvergrabens aufzugreifen: Ich glaube ja an die Hohlweltlehre. Nein, wirklich. Man wird doch schließlich jeden Tag daran erinnert, dass auf dieser Welt nur ein verschwindend geringer Bevölkerungsanteil nicht hohl ist. Kleiner Scherz am Rande. Es gibt keinen ernst zu nehmenden Wissenschaftler, der nicht wüsste, dass unser Planet im Innern einen Kern aus glühendem Eisen besitzt – quasi *cookie dough*, nur eben mit Erzen, und wenn die Ben-and-Jerry's-Kuh da hineingraben würde, würde sie noch vor der Asthenosphäre gekocht werden. Das ist übrigens die Schicht, auf der die Kontinentalplatten »schwimmen«. Ätsch, jetzt hast du wieder was gelernt, das dir nur deswegen in Erinnerung bleibt, weil du nicht damit gerechnet hast. Das nennt sich *guerilla teaching*, und ich habe es gerade erfunden. Zu tief solltest du deine Höhle also nicht graben, wenn du dich entschließen solltest, der Menschheit in Zukunft aus dem Weg zu gehen. Sonst erweckst du noch den Balrog zum Leben! Abgesehen davon, waren in den Stein getriebene Wohnungen schon immer en vogue. Und überall auf der Erde finden sich Zeugnisse dieser Anpassung an die Umgebung. Die Vorteile liegen auf der Hand: ausgeglichene Temperatur, ressourcenschonender Ausbau, Rundumschutz vor Fressfeinden, relative Sicherheit im Falle eines Atomkriegs. Dir muss jedoch klar sein, dass du für den Rest deines Lebens nach Keller riechst ... Ach, beinahe hätte ich vergessen, dass du dieses Buch liest, während du bei deinen Eltern im Keller sitzt und nur kurz World of Warcraft oder Minecraft oder Fortnite oder was ihr verrückten Teenager heutzutage so daddelt, pausiert hast.

Die populäre Literatur lehrt uns, dass es noch eine weitere Möglichkeit neben den bereits genannten gibt, wie du dich vor allen Menschen und dem Tod selbst verstecken kannst. Dazu brauchst du nur einen Teil der Heiligtümer des Todes: den Tarnumhang von Harry Potter. Aber leider kann den ja auch nur einer tragen. Und selbst wenn du es wärst, der die Chance dazu hätte: Wie wolltest du ihn finden, wo er doch unsichtbar ist. Und jetzt sag mir nicht, dass ein unsichtbarer Umhang erst unsichtbar wird, wenn man ihn anlegt. Das wäre selbst mit dem Argument »Magie« irgendwie unlogisch.

Schließlich könntest du dir auch einfach eine unpopuläre Meinung zulegen. Damit ist man auch prinzipiell ziemlich alleine. Beispielsweise könntest du Echtpelz tragen ... Ach nein, das ist die falsche Idee, dann rücken dir relativ schnell viele Leute auf den Pelz ... Gut, ich glaube das reicht fürs Erste. Am Ende musst du dich ja auch ein bisschen darum kümmern, meine Tipps umzusetzen, nicht wahr?

FICKBARKEITSPARAMETER

Der deutsche Poet und Liedkunstzelebrant Alligatoah verkündete dereinst: »Jeder ist auf seine Weise fickbar.« Ich als deutscher Influencer und Internetsozialkritikalif möchte ergänzen: wenn er die Fickbarkeitsparameter erfüllt. Ich kenn mich da aus, ich hatte schon mal Sex.

Weil du dir insgeheim erhoffst, dass ich dir als Pick-up-Artist ganz genau erkläre, wie du in Zukunft ohne Probleme dein Traumgörl oder deinen Traumboi findest und wegflext, wirst du dich bestimmt sehr freuen, dass ich über Fickbarkeit schreibe. Reichtum und Social-Media-Relevanz, mehr brauchst du nicht. Gut, dass wir das geklärt haben. Kurzes Kapitel. Okay, nein. Ich gebe mir jetzt doch ein kleines bisschen Mühe, dir das zu illustrieren.

Früher ging Brautwerbung so – ich denke, wir können zu diesem Behuf noch mal einen Blick auf den guten Brobnark werfen. In der alten Zeit begann man, in Sippen umherzuziehen. Das war von Vorteil. Man konnte sich gegenseitig bei der Suche nach Nahrung unter die Arme greifen und gegen Fressfeinde verteidigen. Es barg aber auch Nachteile. Der Rudelführer hatte beispielsweise das Privileg, so viel und so ausführlich die Begattung sämtlicher Weibchen durchzuführen, wie es seine Verfassung zuließ. Das hat sich seither nicht geändert. Nur dass der Chef des Rudels heute nicht mehr alle Weibchen begatten kann, weil die Rudel zu groß sind. Die Chance für alle anderen! Wäre es zumindest, wenn sich seit der guten alten Zeit nicht noch ein anderes Detail verändert hätte. Die Optik spielt mittlerweile eine Rolle. Es genügt mithin nicht mehr, schlicht vor Ort zu sein und sein vermeintliches Recht auf Koitus einzufordern, auch die Gegenseite muss wollen. Ein kleines, aber feines Detail, welches vom Großteil der männlichen Gattung nicht so recht akzeptiert wird, vor allem wenn er dem Affenmenschen geistig noch ein wenig näher ist. Also: einfach hingehen, Keule auf den Kopp und gut – das funktioniert nur noch, wenn die Keule von Versace ist. Ansonsten muss man noch andere Faktoren für sich wirken lassen. Und hier kommen wir, wer hätte es geahnt, zu den Fickbarkeitsparametern.

Das, was früher etwas kategorisch als »Attraktivität« ausgewiesen wurde, hat sich im Sturm der Zeiten immer mehr relativiert beziehungsweise erweitert, denn anders als früher, wo man gefälligst »attraktiv« zu sein hatte, ist heute praktisch jeder irgendwie fickbar. Wir erinnern uns an das Kapitel über den Elternführerschein? Auch Menschen, die keinen Bezug zur Körperhygiene haben, sind tendenziell in der Lage, fortpflanzungswillige Partner zu finden.

Das ist speziell für dich erst mal eine gute Neuigkeit! Schließlich ist so zumindest theoretisch sichergestellt, dass du nicht alleine alt und fett werden musst.

Ich betrachte das Thema natürlich recht entspannt, da ich auf dem Scoreboard der Fickbarkeit keinen der hinteren Plätze belege. Ich bin beruflich erfolgreich, mein Haarwuchs wird mich auch in absehbarer Zeit nicht im Stich lassen, und ich bin gut mit Worten. (Wag nicht, mir zu widersprechen! Du hast das Buch bis hierher gelesen, also kann's so schlecht nicht sein.)

Jetzt mag man das Wort und wofür es steht, grundsätzlich ablehnen, doch drückt es eigentlich nur aus, was wir alle wissen: Das neudeutsch »Mating« genannte Zusammenkommen von Menschen auf körperlicher oder romantischer Basis, basierend auf dem – nur von den seltsamsten Menschen wirklich berechneten – Fickbarkeitswert, hat einen biologischen Hintergrund. Dieser ist schlicht das Interesse daran zu rammeln. Möglicherweise gibt es neuerdings Studien, die beweisen, dass sexuelle Kontakte im Jahr 2021 nur noch für die zurückgebliebenen Exemplare der menschlichen Rasse interessant sind und ich mich mit diesem Kapitel just als solches oute. Woher aber soll ich das wissen, ich war seit drei Jahren bei keiner Vorlesung mehr. Und vorher hab ich dort auch meistens Angry Birds gespielt.

Viel wichtiger als die Frage nach dem Warum und die Überlegung, ob wir dieses System stürzen sollten (prinzipiell ja, in diesem speziellen Fall aber nein), ist, dass du dein Wissen um die Fickbarkeitsparameter gezielt einzusetzen weißt.

Ich stelle dir nun alle Fickbarkeitsparameter vor und erkläre dir, wie du sie zu deinen Gunsten beeinflussen kannst! Dabei musst du wissen, dass ich das nur für Menschen bis 30 einschätzen kann. Das reicht aber auch – wer mag schon Gammelfleisch.[29]

Optik: unschwer verbesserbar. Suche dir einen Internetprominenten, der phänotypisch zu dir passt, und kopiere seinen Style. Findest du keinen, dann zieh dir weiße Adidas, irgendeine Hose und ein nicht weiter relevantes Shirt an. (Umweltaktivismusanstrich gibt Extrapunkte!)

---

[29] Die Deutschen. Die Deutschen lieben Gammelfleisch!

Style: Du hast ihn, oder du hast ihn nicht. Hast du ihn nicht, hast du Pech und dann brauchst du jemanden, der ihn hat, damit er ihn dir zeigt. Dadurch kriegst du ihn nicht, aber wie ein Kind mit Dyskalkulie das Einmaleins auswendig lernt, kannst auch du dir gleichsam einpauken, was halbwegs zusammenpasst und was dir schon einmal gut gestanden hat. Schwups – solange du nichts Neues kaufst und dir damit textile Tretminen ins Haus holst, bist du mit ein bisschen Starthilfe auf der sicheren Seite. Was *so richtig* funktioniert, lernst du allerdings nur auf dem Königsweg der Zurückweisung. Aber nicht als Incel enden!

Flexwert: Es gibt eine Möglichkeit, den Stylefaktor zu pushen. Und das ist der Flexwert. Im Grunde kannst du auch Birkenstocks mit Socken tragen, wenn du vor einem Lamborghini stehst. Das wäre sogar ein Vorteil. Was bei anderen einer Komplettentgleisung gleichkäme, das verwandelt das Framing mit teuren Dingen zu Understatement und Persönlichkeit – und das ist noch viel wertvoller. Wie immer im Leben heißt das also, wer viel hat, wird umso mehr bekommen!

Sprache: Jede Geheimgesellschaft verwendet eine Reihe nur ihr bekannter Codewörter, um sich abzugrenzen und zu vermeiden, dass Feinde von außen eindringen und die Gemeinschaft zerstören können. Beispielsweise weil sie im Untergrund agieren muss, um nicht gefoltert und getötet zu werden. Bei den kulturellen Entgleisungen, die sich manch eine Personengruppe leistet, ist es durchaus wahrscheinlich, dass sie außerhalb ihrer Discord-Server gelyncht werden würden. Viele stehen hier mit einem Fuß in der Kriminalität und mit dem anderen im sogenannten Distinktionsgewinn. Beides schmückt.

Fame: Dein Wert für die Gesellschaft schlechthin wird ausschließlich über deinen Fame errechnet. In Urgesellschaften war gängige Praxis, dass sich nur paaren durfte, wer zur Elite gehörte. Mache dir also immer klar: Falls du wirklich fickbar sein willst, musst du unbedingt fame werden. Klar kannst du schön und cool sein, wenn du aber nicht fame bist, warst du offenbar nichts von beidem. Dabei ist fame glücklicherweise ein sehr dehnbarer Begriff. Wenn es nicht so wäre, wären nur sehr wenige Menschen noch zum Sex zugelassen. Faustregel: Alles unter fünfstellig ist zu wenig – seien es Followerzahlen oder Kontostand. Nur dein Gewicht sollte möglichst zweistellig bleiben, für Frauen noch etwas weiter im unteren Bereich, außer sie sind als »thicc« gelabelt. Damit qualifiziert frau sich dafür, umfangreicher als Strich-in-der-Landschaft sein zu dürfen – aber bitte nur an den kommerziell und strategisch vorteilhaften Stellen. Männer können leider nicht »thicc« sein. Mein Hintern ist einfach nur zu dick.

Coolness: Mal ehrlich, es gibt mittlerweile kein uncooleres Wort als »cool«. Ich erinnere mich, dass die Älteren es benutzten und selbstverständlich war, es ebenfalls zu gebrauchen. Deswegen kann es für eine weitere Generation kaum mehr akzeptabel sein. Man muss »cool« jedoch lassen, dass es eine lange Halbwertszeit besitzt. Anders als »fly«, das schon längst cringe ist, ebenso wie »lit« oder »killer«. Besonders peinlich ist, dir anzumerken, dass du den Litness-Faktor hart boosten willst, Bro!

Historisch betrachtet, war dieses Kriterium Thema der Coming-of-Age-Filme der 70er- bis 90er-Jahre. Mittlerweile regieren die weniger coolen Kids, weswegen uncool sein cool ist. Und da mitzuhalten, ist relativ simpel.

Für Pros: Zeig allen, wie egal dir Hygiene, Farb-, Größen- und Stilempfinden sind. Je wüster und (in den Augen der

Alten über fünfundzwanzig) beschissener du aussiehst, desto cooler bist du. Der Adidas-Volllook disqualifiziert dich in manchen Communities glücklicherweise immer noch.

Referenzen: Früher brauchte man noch eine rudimentäre Allgemeinbildung, um auf Partys so zu tun, als sei man praktisch allwissend (obwohl man nur das Gespräch in die Hand genommen und auf einen wohlbekannten Pfad geführt hat), heutzutage gilt die Referenzierbarkeit. Genau wie in der Uni musst du nichts selbst wissen – du musst nur *belegen* können, wo es steht oder woher es kommt. Und du musst deinen potenziellen Partner auch zum Lachen bringen. Das Medium, das beides verbindet, ist das Meme. Dein Memearchiv muss gewaltig sein und du brauchst Ordner für jede mögliche Wendung des Schicksals: gleichsam ganze konstruierte Paralleluniversen von Memes!

Exotik: Grundsätzlich ist alles fickbarer, das irgendwie anders ist – ausgenommen, wenn *anders* heißt, dass man Günther von der D&D-Runde des kleinen Bruders ist. Dann ist man chancenlos.

Nach dieser Einführung in die Fickbarkeit muss ich euch jetzt nur leider zwei kleine Infos mit auf den Weg geben: Diese Kriterien gelten nicht für Frauen, die Männern gefallen wollen – *die* verlieben sich ja schon, wenn sie mal nicht mit Hass und Ablehnung behandelt werden. Und du erhältst auf die Art und Weise auch definitiv nur den Partner, den du verdient hast. Und jetzt vergeude nicht länger meine Zeit, mein BiTurbo BMW hat 700 Nm Drehmoment und ich haben noch was vor!

GAMIFY YOUR LIFE!

Selbstoptimierung hier, Scores und Ergebnisse dort. Überall wird nach Measurements gefragt, um dich und dein Leben im Hier und Jetzt zu verorten. Du fühlst diesen Druck permanent auf dir lasten, sonst würdest du ja nicht gerade in einem furchtbar ernst gemeinten Ratgeber blättern. Ich bedauere dich aufrichtig, geschätzter Leser. Die Zeiten sind hart geworden und werden auch so bald nicht einfacher für uns Männer. Und hier beziehe ich mich wirklich gezielt auf Männer, denn früher waren Leben, Rolle in der Gesellschaft, die eigene Zukunft einzig und allein von einem spezifischen Wert abhängig, vom phallischen Regulatorium – der Größe des Penis. Und weil keine anderen Werte eine Rolle spielten, waren Frauen eben wertlos, dieses Prinzip kennt man rund um den Globus noch heute, denn wie lang sind schon weibliche Penisse? Belege für diese These gibt es zuhauf! Die Geschichte von David gegen Goliath? Einfach nur der Beweis, dass Körpergröße nicht die Größe des Dödels bestimmt. Kain erschlug Abel, weil Penisneid kein reines Frauending ist. Habt ihr euch niemals gefragt, warum Jesus eine ungeheure Schar Anhänger begeisterte und schlussendlich gekreuzigt wurde? Die Ehrerbietung erhielt er für sein mächtiges Glied und das wurde ihm zum Verhängnis. Die Stabilität des Römischen Reichs war in Gefahr, wurden die Caesaren doch nach Schwanzvergleich bestimmt. Die hochmittelalterliche Tjost, das sogenannte Lanzenstechen, wir erinnern uns. Dreimal dürft ihr raten, womit sich die Herren von den Pferden stießen. Deswegen gab es oft genug die Gunst der Königstochter obendrauf. Schließlich hatten die Herren beim Wettstreit bewiesen, dass sie Manns genug waren, den Stammhalter zu zeugen. Und ja. Dieser hieß natürlich nicht einfach so *Stamm*halter. Letztlich wäre auch die Titanic nicht gesunken, wäre Kapitän Smith nicht überzeugt gewesen, den Eisberg aus dem Weg pimmeln zu können. Und der *Cock*tail ... na ja. Diese Praxis brachte jahrtausendelang Krieg und Leid über die Menschen (Cocktails ausdrücklich ausgenommen). Grundsätzlich klingt der Gedanke, alle Konflikte mit seinem Penis auszutragen, reizvoll. Als ganz so einfach hat es sich am Ende dann doch nicht herausgestellt. Ich habe mich damals übrigens gezielt dagegen entschieden, Geschichte zu studieren. Warum auch? Wie ich gerade bewiesen habe, ist eh alles auf den Penis zurückzuführen. Natürlich respektiere ich, dass sich viele Menschen freiwillig den ganzen Tag mit Penissen auseinandersetzen, aber für mich war diese Perspektive zu einseitig. Deswegen kann man sich auch Gender Studies sparen, die sich ebenfalls damit beschäftigen, wie der Glaube an Geschlechtsteile die Geschichte bestimmt hat. Ich hab dann Geografie studiert, da ging es auch um etwas Hartes, aber das waren nur Steine. Genug Peniswitze für ein Kapitel? Mein Lektor riet mir, das Niveau durch das gezielte Einflechten von Penis- und Flachwitzen so herabzusenken, dass sich das Buch noch verkauft.[30] Also weiter in der phallischen Geschichte der Welt.

Irgendwann entschied Mann, dass Frauen fortan nicht mehr als wertlos gelten sollten. Vermutlich nach einem großen Krieg, in dem so viele Männer hopsgegangen waren, dass sie notwendigerweise die Leistungen der Frauen nicht mehr

---

[30] Habe ich gar nicht.

ignorieren konnten. Damit wurde jedoch alles irgendwie kompliziert und unangenehm: Penisindex allein reichte nicht mehr! Man führte nun haufenweise Parameter zur Bestimmung der eigenen Wertlosigkeit ein. Schulnoten zum Beispiel. Charakterliche Eigenschaften und Fertigkeiten spielten mit einem Mal eine Rolle. Unerhört!

Irgendwann hat sich das dann bekanntlich verselbstständigt. Mittlerweile habe ich fast den Eindruck, dass man mich nicht nur zum Diebstahl verleiten will, sondern auch an mich appelliert, mein Leben in schon unangenehmem Übermaß unter Kontrolle zu bringen. Dabei wissen doch alle, dass so ein Leben viel besser funktioniert, wenn man auch mal sagen kann: »Leckt mich, Jungs, ich geh nach Hause!« (Hätte Cartman unter dem gegenwärtigen Optimierungsdruck gestanden, hätte er vermutlich gesagt: »Checkt eure Privilegien, Jungs, Mädchen und Diverse, ich geh zum CrossFit und danach noch mal ins Büro.« Da bekommt Perspektivlosigkeit doch gleich einen ganz eigenen Charme.)

Zurück zu Diebstahl: In letzter Zeit schwemmt Instagram mir immer und immer wieder Werbung für schmale Portemonnaies rein. Darin verlangen verzweifelte Frauen und Männer nach einer Lösung für ihr größtes Alltagsproblem: das Überformat ihrer Geldbörse. Nicht nur, dass es geradezu unmöglich ist, diese Geldbörsen in irgendeine Tasche zu stecken – anhand von Grafiken erfährt man ferner, dass eine zu dicke Brieftasche in der Gesäßtasche unweigerlich zu einer Fehlstellung der Wirbelsäule führt. Ich wäre nachgerade *froh*, eine übertrieben dicke Geldbörse mein Eigen nennen zu können! Bin ich hier der Einzige, der sich *nicht* über zu viel Geld beschwert? Denn anscheinend gibt es eine relevante Käuferschicht, die exakt dieses Problem für sich gelöst wissen will. Ich könnte das regeln. Im Handumdrehen sozusagen.

Verdammt, ich verfalle schon wieder in *wealth shaming* ... Privilegierte Menschen immer wieder zu diskriminieren, damit möchte ich wirklich aufhören. Sie können ja nichts für ihren Reichtum. Welche Wahl haben sie denn auch schon, wo sie im globalen Nordwesten geboren wurden?

Dabei kann man die gnadenlose Alltagsoptimierung doch gut auf einer Arschbacke erledigen. Nimm doch um Beispiel Rollenspiele. Ja, ich will dir gerade mitteilen, dass dein lebenslanger Verzicht auf ein reales Leben *wirklich* ein nützlicher *Skill* ist. Falls du nicht derart schon YouTube- oder Twitch-Star geworden bist. Wieso fragst du mich, ob man mit exzessivem Pornokonsum berühmt werden kann? Man kann doch aus allem eine Berufung machen! Wenn du machst, was du liebst, kannst du damit nur erfolgreich werden und es wird sich niemals wie Arbeit anfühlen – vorausgesetzt, du findest dich damit ab, immer und immer wieder die gleichen nervtötenden Routinen durchzugehen. Glaub an dich und deine Leistungen, und wenn du weiter hart trainierst, kannst du alles erreichen! Und da haben wir die Bredouille ... denn natürlich ist das totaler Käse. Was wir in unserem Leben anstellen, wird uns in den seltensten Fällen irgendwohin führen. Nein, auch das ist nicht ganz richtig. *Alles* führt uns irgendwohin. Ob wir dort aber je landen wollten, ist eine andere Frage. Da aus jeder noch so unsinnigen Situation eine Chance und vielleicht sogar eine Zukunft entstehen kann (so kann man das Spiel des Lebens auch nach einem erfolgreichen Studium komplett verlieren), finde ich, dass ein bisschen Selfcare durchaus angebracht ist. Mein Tipp: Damit du trotz deines langweiligen, einförmigen, uninspirierten und dein Potenzial erodierenden Alltags einen Anflug von Hoffnung empfinden kannst, solltest du jede deiner Handlungen als Quest ansehen. Klar ist der Abwasch eine Herausforderung, die den tapfersten Recken vor eine nicht unerhebliche Prüfung stellt, vor allem wenn er ein faules Schwein ist. Erringt man den Sieg über den Wäscheberg im Badezimmer,[31] dann kann man sich ein saftiges Level Up eintragen. Abgesehen davon, dass man wieder die wichtigsten Ausrüstungsgegenstände tragen kann und nicht am Ende auf Leinenunterwäsche mit Rüstungswert null und Ästhetik minus fünf angewiesen ist!

Pünktlich aufstehen kräftigt mindestens so sehr wie eine Runde COD-Let's Play gucken. Nachts um vier. Mit einer Packung Eis auf dem Schoß. Die man gerade auf einen Streich leer gegessen hat. Nackt. Weinend. Und besoffen. Eine Situation ist nur dann traurig, wenn du akzeptierst, dass sie traurig ist. Du überfährst eine Katze? Leider nicht mit der Hand getötet, das bringt wie überfahrene Skags bei Borderlands nur ein paar EP. Deine Eltern sterben? LOOT! Du verlierst etwas Wichtiges? Endlich wieder freier Lagerplatz!

Du musst einmal alle zwei Wochen deine Wohnung verlassen, um wenigstens genug Klopapier zu Hause zu haben? STEALTH MISSION! Niemand darf dich auf dem Weg zum Laden sehen!

Mit der Zeit wirst du sehen, wie dein Selbstbewusstsein und deine Motivation zunehmen. Dein Haufen war gestern größer als heute. Diese Schwäche darfst du dir nie wieder leisten! Heute schaffst du zwei Burger mehr als gestern. Du

[31] Oder in der Küche, wenn man arm ist.

bist auf Erfolgskurs, knackst deinen Blutdruck-Highscore immer wieder. Hundertzwanzig innerorts? Kein Problem! Achtzehn Stunden am Stück schlafen? Für Vollprofis ein Klacks – oder umgekehrt so lange wach bleiben, wie es die Nasenscheidewand erlaubt. Dein Leben wird sich vielleicht nicht verbessern, aber es wird sich so anfühlen, als hättest du mehr daraus gemacht. Und hin und wieder wird dir dein Penis ja vielleicht doch noch weiterhelfen. Aber erwarte keine Wunder.

WENN DIE POOLPARTY ZU ENDE IST

Ich bin mittlerweile in einem kritischen Alter. Die nächste Grenze im Leben, die ich offiziell überqueren werde, ist die Dreißig. Falls du schon so weit bist: Ha-ha! Das ist der zweitentscheidendste Einschnitt in deinem Leben, gleich nach einer Vasektomie, zumindest empfinde ich das so. Mit achtzehn lässt man dich von der Leine, und wie ein dämlicher Hund rennst du los, stolperst über deine Beine, schnüffelst an jedem Hintern und leckst jede Büchse. Alles ist so neu und aufregend und du wirst nicht satt davon. Dein Körper ist frisch und saftig, und du steckst jedes Saufgelage weg, als verwandelte sich das Zellgift in deinem Körper zu Bergquellwasser. Kurz vor der Dreißig ist aus deinem fröhlichen Toben ein eher vorsichtiges Humpeln geworden. Die Augenlider bleiben manchmal zwischen deinen schweißigen Achseln hängen und dein zerzaustes Haar fällt dir flächig aus, als kämst du gerade vom Brennelementeschnorcheln aus Fukushima. Denn wer hätte das gedacht: Du bist sehr oft auf die Schnauze gefallen, Alkohol ist jetzt eher Feind als Freund, und du hast um deine rechte Augenbraue eine tiefe Falte vom ständigen Hochziehen bekommen. Du tänzelst nicht über die Ziellinie – du *schleppst* dich ächzend darüber wie der erste Zombie, den man bei *The Walking Dead* gesehen hat, leicht zerlaufen und um die wichtigsten Bestandteile dezimiert. Du weißt, alles, was dich auf der anderen Seite erwartet, wird kaum besser sein als das, was du hinter dir hast. In deinen Zwanzigern war alles eine Party und niemand erwartete ernsthaft von dir, dass du zwischendurch nach Hause kamst. Die Dreißiger sind der Morgen nach der Party, wenn du dich mit hämmernden Kopfschmerzen daranmachst, die Verwüstung in deiner Wohnung zu besichtigen, und schon gar nicht mehr schockiert bist, was alles zu Bruch gegangen ist, sondern nur noch resignierend die Schäden überschlägst. Wie in dem Robbie-Williams-Video zu »Come Undone«, das ich als Teenie noch total interessant und lustig fand, während es mir nach fast zehn Jahren, die ich mich mit der Musikbranche auseinandersetze, einen kalten Schauer über den Rücken jagt. Ja verdammt, das ist es! Unser Leben jetzt. Die Party ist vorbei. Kehr alles raus, was an Überbleibseln dieser Zeit noch in deinem am Abend zuvor noch so schicken und verheißungsvoll funkelnden Leben durch dein Blickfeld tanzte. Wirf den ganzen Müll raus und werd endlich erwachsen. Such dir einen festen Job ohne Poolpartys auf Kokain mit nackten Zwergen, heirate und pflanz dich fort, weil, ... ähm ... das alles sonst ja gar keinen Sinn gehabt hat. Also das Leben an sich. Oder so. Wenn diese imaginäre Grenze etwas mit dem Denken anstellt, dann ist es vermutlich das Auftreten dieser leidigen Sinnfrage. Denn die Zwanziger sind streng genommen gar keine Poolparty. Nein, das wäre jetzt nicht ganz korrekt. Ich habe mich immer gefühlt wie auf einer Poolparty, aber es war irgendwie nicht *meine eigene* Poolparty, sondern die von einem Typen, der aus irgendeinem Grund völlig automatisch mega erfolgreich ist, ohne zu wissen, wie. Einfach so. Genau wie all seine Freunde, die er zur Party eingeladen hat, lebt er schlicht und ergreifend nur den Moment. Alles scheint von selbst zu laufen. Und während er Kokain von nackten Zwergenkörpern schnupft, sitzt Alex am Rand des

Pools und lässt die Beine baumeln, während er ins Wasser blickt. Er kann mit all den Leuten nichts anfangen und fühlt sich irgendwie auch eher als Fremdkörper in diesem Kosmos. Er versteht nicht, wie diese Party da drüben so exzessiv gefeiert werden kann, da ja der nächste Tag kommen und man von großer Ekstase in bodenloses Nichts stürzen wird. Ist das alles nicht total kontraproduktiv? Wäre es nicht viel sinnvoller, wenn man nicht für einen Monat jeden Tag eine fette Party in einer Villa mit Pool feierte, sondern die nächsten Jahre eine Wohnung mit einem tollen Blick über die Stadt mieten und sich von Zeit zu Zeit einen guten Whiskey in kleiner, aber kostbarer Runde gönnte? Während Alex vor sich hin grübelt, fliegen Zwerge durch die Luft und Gäste ersaufen im Pool und alle haben eine großartige Zeit, bis einer nach dem anderen ausgeknockt mit dem Gesicht voran durch einen Glastisch gefallen oder eine Glastür gelaufen ist. Diese modernen Villen bestehen ja leider eben nur aus Glas und Beton. Am nächsten Morgen humpeln die Gäste vom Grundstück, oft zusammen, einige allein, um nunmehr den Kater und die Postpartydepression zu verwinden. Im Vergleich zur geschilderten Lage am Morgen nach der Party gibt es nach der symbolischen Party des Lebens für die wenigsten den Weg zurück zum Pool – maximal, um sich darin mit dem Auftrieb der eigenen Rettungsringe treiben zu lassen. Ich bewege mich nun seit acht Jahren in einer Stadt voller Studenten. Das Leben hier ist bestimmt von immer wieder anbrandenden jungen Menschen, die wie frisches Blut in die Straßenvenen gepumpt werden. Ich kenne längst keinen mehr, der sich noch in vergleichbarer Lage sieht. Das Fieber der ersten Semester ist längst überwunden und man wurde »vernünftig«, hat nun »einen anderen Fokus«, ist »gesetzter geworden« oder hat erkannt, »was wirklich wichtig« ist. Eigentlich spürt man Verachtung für alle, die sich so verhalten wie einst man selbst. Wie wär's denn, einfach nicht immer von einem Extrem ins andere zu stolpern? Wieso ist jeder Tag der beste aller Zeiten *oder* absolut grausam? Ich bin überzeugt, viele haben sich verbrannt. Entweder weil sie wie ich eigentlich am Rande des Pools sitzen wollten, sich aber nicht trauten, den Party Pooper zu spielen, oder weil sie es *wirklich* übertrieben haben, aber aufgewacht sind, bevor sie darin komplett verschwanden. Ich plansche mit meinen Beinen weiter im mittlerweile kalten und getrübten Wasser, ein paar Blätter schwimmen auf der Oberfläche und Gatsby treibt von seinem Blut umwölkt vorbei. Was ist denn mit dem Versprechen, sich das Kind im Inneren bewahren zu dürfen? Ist das alles nur Einbildung gewesen, ein Mantra, das wir als Kinder lernten, um das Erwachsenwerden widerspruchslos zu ertragen? Weil wir jederzeit die Möglichkeit haben auszubrechen? Weil wir diese ernsten erwachsenen Leute ja nur spielen – wie damals, als wir in die noch viel zu großen Klamotten unserer Eltern geschlüpft sind? Irgendwo hebt ein Piano an, hochtrabend dramatische Musik zu spielen. Ich blicke mich um und werfe ein leeres Champagnerglas nach dem kahlköpfigen Mittvierziger, der in Badeshorts davorsitzt. Natürlich muss ich euch hier eine Lektion offerieren, ansonsten hätte ich diesen Text auch weglassen können.[32] Vielleicht komme ich in den nächsten Jahren zu einem anderen Ergebnis, wenn ich auch momentan noch jedem, der mich fragt, feierlich versichere, dass ich jung sterben werde – aber auch dies könnte sich ja mit dem fortschreitenden Alter von einer romantischen Vorstellung in einen längst vergangenen Traum wandeln, dem man mittlerweile so wenig abgewinnen

[32] Falls er es ins Manuskript geschafft hat, wisst ihr, dass ich zu faul war, einen besseren zu schreiben, LOL.

kann, dass man sich fragt, wie man je von so etwas träumen konnte.

Außerdem müsste ich langsam mal mit dem Sterben anfangen, wenn ich noch pünktlich vor dem Ende meines Jungseins tot sein will. Was ist denn nun eigentlich richtig? Alles mitnehmen, das Gefühl haben, nichts zu verpassen und am Ende abzunippeln, bevor man merkt, wie alles den Bach runtergeht, oder bescheiden zu wachsen und die Erfüllung in späteren Jahren suchen? Ich bin sicher, es spielt am Ende keine Rolle, weil man bestimmt *immer* unglücklich ist. So, und jetzt hab ich mir einen Schluck Whiskey verdient. ... Verdammt, jetzt ist mir die Flasche in den Pool gefallen. Ich hasse Poolpartys!

FÜR *UNSER* LEBEN SIND *WIR* NICHT VERANTWORTLICH!

Während ich diese Zeilen schreibe, latschen Zehntausende gegen Coronamaßnahmen protestierend durch die Hauptstadt, über die ich letztens einen Artikel mit dem Titel »Ohne Berlin wäre Deutschland besser dran« las. So was hört man sonst nur über Bayern. Dabei ging es um Geld. Es geht immer um Geld. Vor allem geht es dabei meistens um das Geld einer ganz spezifischen Gruppe von Menschen. Einer sehr kleinen Gruppe. Und wie auch immer sie es geschafft haben, dir zu erklären, dass du und deine kleine Meinung eine Rolle spielen für die Entscheidungen, die sie treffen. Bist du eigentlich gerade mit deinem Leben zufrieden? Du hast jetzt schon ein paar Kapitel dieses Buches hinter dich gebracht und solltest einen enormen Sprung in deiner Lebensqualität feststellen können. Falls du dich immer noch wie ein völlig deplatzierter Loser fühlst, kann ich dir Alexander Prinz' Tonikum für instantanes Glück empfehlen – es ist zu einhundert Prozent geprüft und wirkt immer. Garantiert! Dafür stehe ich mit meinem Namen. Für nur 29,99 Euro pro Flasche geht es dir für die nächsten Tage einfach absolut spitze. Oder unterschreibe hier und ich übernehme alle deine Sorgen für die nächsten Monate – als klassisches All-inclusive-Deluxe-Wohlfühl-360°-Abonnement-Sparpaket. Du musst auch nicht heute, morgen oder in den nächsten zwei Jahren bezahlen. Ich akzeptiere Erstgeburten. Mach dir keine Gedanken, dein Leben liegt eigentlich nicht in deinen Händen.

Natürlich neigen wir dazu, stets zu denken, wir könnten irgendetwas besser machen. Sonst würden wir uns keine Ratgeber kaufen. Falls du's dir noch nicht gedacht haben solltest: Dieses Buch ist eigentlich gar kein ernst gemeinter Ratgeber. Und ich kann dir auch nicht wirklich helfen. Schockierend, nicht wahr? Warte nur ab, welche Neuigkeit ich für dich habe. Wir haben im Grunde überhaupt keine Kontrolle über unser Leben, denn wir werden alle ferngesteuert. Ja, Egon, es ist wirklich das 5G, mit dem die Reptiloiden dich kontrollieren, du hast es schon immer gewusst. Es ist die Milch, die giftig ist, Fast Food ist mit kleinen Funkeinheiten versetzt, über die sie deine Gedanken kontrollieren und dich abhängig und gefügig machen. Und alle stecken dahinter! Ja, genau – *alle!* Die Regierung, die Medien, die Prominenten, die Beamten. Im Grunde fast jeder außer dir, den Jungs in der Kleingartenparzelle und den Leuten vom Bowling. Hast du mal *Die Truman Show* gesehen? Das ist alles wahr! Nur dass diese ganze Show ausschließlich um dich herum entworfen wurde. Die ganzen Leute um dich herum – alles Statisten! Fühlst du dich nicht ständig beobachtet? Widerfahren dir nicht täglich Dinge, bei denen du dir denkst: »Wieso muss das ausgerechnet mir passieren?« Scheint sich die ganze Welt gegen dich verschworen zu haben? Jetzt weißt du: Es ist wirklich so! Wäre ja ansonsten ziemlich egozentrisch von dir anzunehmen, die ganze Welt drehe sich um dich. Und gib's doch zu: Das hast du die ganze Zeit gespürt! Oder warst du schon mal wirklich am anderen Ende der Welt? Klar, du bist schon mal ins Flugzeug gestiegen und zwischendurch eingeschlafen. Das war eine Simulation! Du bist nie wirklich geflogen, man hat die Kabine mit einem Gas gefüllt und dein Reiseziel in einem Studio nachgebaut, sodass man auch die Temperaturen manipulieren konnte. Ja, das können die. Klar fällt ihnen das relativ leicht, weil du ja auch nicht frei handeln und denken kannst – viel zu sehr bist du vom Adrenochrom verblödet, werden deine Gedanken durch die Medien, das Fernsehen und Prominente gesteuert. Aber mir kannst du vertrauen, denn ich bin keiner von *denen*. Ich bin ein mittelmäßig bekannter Mensch aus dem Internet – mir macht keiner was vor und ich trotze dem System, um dir zu sagen: Du kannst dem System nicht trotzen. Nein, du bist kein Rädchen im System, du *bist* das System. Das ist einerseits schlecht und andererseits scheiße. Denn selbstredend kannst du als System nicht einfach sagen: »Ich hör jetzt mal auf zu funktionieren« – da müssten schon alle Strippen reißen, an denen du hängst. Es gibt eine intergalaktische Serie, deren Protagonist du bist. Glücklicherweise gibt es auch andere Sender, denn dein Programm ist eher ... langweilig. Man könnte dir dafür nun die Schuld geben, aber wie immer ist es kollektives Versagen. Du hast einen schlechten Autor. Keine Kreativität, eine vorhersehbare und deprimierende Handlung, bei der sich an diesem Punkt nur noch die Frage stellt, ob es am Ende eine Trag- oder eine Komödie geworden ist. Woher ich das weiß? Tja, ich bin dein Autor. Lustig, was? Wer hat sich denn bitte so einen Plot ausgedacht? Da schreibt der Typ, der dein Leben schreibt, ein Buch, damit du es lesen kannst, um zu erfahren, dass dein Leben nur nach der Rollenerwartung eines depressiven Ossis verläuft. Aber wieso tut er das? Also, nicht deinen Plot schreiben, das macht er natürlich für Geld, schließlich können wir das hier im Osten sehr gut gebrauchen. Dir erzählen, warum du nur eine Rolle spielst? Das mag jetzt vielleicht unglaubwürdig klingen, aber: Es gibt einen Widerstand und wir arbeiten insgeheim gegen das Regime. Unsere

Anführer sind ein Schlagersänger und ein veganer Kochbuchautor. Sie haben uns im Jahr 2020 die Wahrheit gebracht und die Augen geöffnet. Pack jetzt dein Handy in Alufolie, damit sie dich nicht finden können. Aber vergiss nicht, auch dich selbst komplett in Alufolie zu hüllen, schließlich hast du ja auch Sender in deinem Inneren. Dann musst du dringend nach Berlin fahren. Dort wartet eine Mutti mit Dreads der unattraktiven Sorte auf dich, eine Peace-Fahne in der einen und einen Bollerwagen voller Kinder an der anderen Hand, vor dem Reichstag. Nebenbei gut, dass er immer noch Reichstag heißt. Wo kämen wir hin, wenn man da auch mit der politischen Korrektheit drüberbügelte! Wie sollte man ihn sonst nennen? Republiktag? Lesbische-andersbegabte-schwarze-Transfrautag? Wären sie ehrlich, würden sie ihn in 5G-Echsenmenschen-Skynet-Matrix-Illuminaten-Fuggertag umbenennen!

Jedenfalls wirst du dort einen Hinweis finden, der auf eine Yakuza-Trainingshose gedruckt ist, wie du zu unserer unterirdischen Festung des Widerstandes gelangst. Sie ist eine ehemalige QAnon-Basis, die glücklicherweise von Trump und anderen heldenhaften Widerständlern von den Clintons und den Libtards befreit worden ist. Dort bauen wir eine Flotte V7-Haunebu II, sogenannter Reichsflugscheiben, auf, um uns in einem Ausbruchsversuch mit den Patrioten in Neuschwabenland zu verbrüdern. Mit deren Hilfe schaffen wir es auf die dunkle Seite des Mondes. Vorausgesetzt, es gelingt uns, die HAARP-Anlage auszuschalten. Hier kommst *du* ins Spiel. Bitte leite diesen Kettenbrief in deinem Postfach an alle wenigen Freunde weiter, überweise uns 49,99 Euro, am besten in Bitcoin, damit wir nicht wie sonst immer vom Establishment ausgeräubert werden, moderne Wegelagerer, Radarfallen sind Raub!!! 1111elfelf, hab ich recht?

Und sag all deinen Freunden, dass sie es auch tun sollen. Mit dem Geld bauen wir einen riesigen Störsensor – ja, er wird wirklich in Form eines Störs gebaut und ins Nordpolarmeer geschleust, geniale Idee, oder? –, um damit die HAARP lahmzulegen. ... die kontrolliert ja unser Wetter, und wenn wir es nicht schaffen, dann produzieren sie einfach ein paar Wirbelstürme, um unsere Flotte zu zerstören. Danke, dass es dich gibt. Ich schreib nun noch ein bisschen weiter an deinem Drehbuch! Spoiler: Vielleicht solltest du das Sushi morgen nicht essen. Du wirst dir eine Fischvergiftung zuziehen und ich kann dir sagen, das willst du wirklich nicht, vor allem wenn dein Örtchen es nicht erlaubt, gleichzeitig aus beiden Rohren zu feuern.

PRO ZWANGSEHE

Wie alle derzeit auf der Welt lebenden Menschen – zumindest die 25-und-mehr-Jährigen – habe ich meine komplette Bildung aus dem Fernsehen. Ausgeschlossen natürlich all jene, die weder über Strom, fließend Wasser noch etwas zu essen verfügen. Doch die sind tendenziell ohnehin bereits vom Konzept Zwangsehe überzeugt oder werden gar nicht erst alt genug, um sich darüber Gedanken machen zu müssen. Wir verwöhnten Gewinner des Geburtenbingos aber haben lang und ausführlich ferngeglotzt! Alle Facetten des Lebens eröffneten sich mir damals durch den Röhrenkubus. Ich erkundete die Welt des Erwachsenseins zwischen Wrestling, Monstertrucksprüngen, Softcore-Fantasy-Sexfilmchen und *Tales from the Crypt*, was quasi genauso aussah, nur mit abgehackten Köpfen anstelle der Titten. Ich lernte, was ich über die Welt wissen musste: immer schön auf den Kopf zielen. Was Jonathan Frakes, der Jürgen von der Lippe des amerikanischen Nachmittagsgrusels, für wahr erklärte, *musste* wahr sein, und wer früher zu meinen liebsten Schauspielern gehörte, ist heute nurmehr verurteilter Frauenschläger oder Vergewaltiger. Ja, die Zeiten werden immer schlimmer. Da die Jüngeren kein Fernsehen mehr genießen, werden sie immer dümmer. Daher wiederum greifen sie auf Ratgeber wie diesen zurück. Das führt dazu, dass ich mehr Ratgeber verkaufe. Also betrachte ich diese Entwicklung durchaus wohlwollend. Der Mensch profitiert doch ständig vom Niedergang. Ich sage: gut so! Und ein Schlafschaf, wer das nicht auch so macht. *Mäh.* Aber zurück zum eigentlichen Punkt. (Welcher war das doch gleich?) Wer meint, normales Fernsehen stürbe, sollte mich mal auf Twitch besuchen. Paradox, ich weiß. Ich kann selbst nicht begreifen, wieso das System Twitch funktioniert. Beispiel: Ich schaue mir an einem Dienstagabend eine Dokumentation über Incels in Deutschland an. Zweihundert Menschen schauen *mir* zu, wie ich diese Dokumentation ansehe und in unregelmäßigen Abständen Worte aus meinem Mund purzeln lasse. Damit verdiene ich *Geld.* Ich habe meinem Vater mal zu erklären versucht, wie das alles funktioniert, während er mit bloßen Fäusten eine Treppe aus einem Baumstamm herausprügelte. Auch die sogenannten Incels hätten mal zu einer richtigen Treppe geprügelt werden sollen – ich konnte kaum fassen, was ich in diesem Beitrag gezeigt bekam. Erst einmal zur Begriffsklärung. Die deutsche Entsprechung dieses Wortes ist »unfreiwillig Ungefickte«. Sie tun sich selbst leid, ergötzen sich in Foren öffentlich an Bildern getöteter Frauen und fordern Zwangsverteilung von Frauen unter den Männern. Was *ich* schlimm finde, das sind unfreiwillig *gefickte* Opfer solcher Typen, und *die* haben jedes Recht auf Hass und Verzweiflung. Man sollte meinen, dass Menschen, die für sich in Anspruch nehmen, vom Leben als Punchingball benutzt zu werden, durch eigene Erlebnisse sensibilisiert sind, nicht selbst zu Ungerechtigkeit und Unterdrückung zu greifen. Doch weit gefehlt. Sie sind selbst meist die Schlimmsten. Man nehme nur Ephialtes von Trachis, der die Perser verriet. Oder mich. Ich bin schließlich auch durch das Fegefeuer des Mobbings gegangen, um mich dann verbal an allem und jedem zu vergehen. Und jetzt nimm mal Haltung an, während du das liest, du Krüppel!

Gehen wir zurück zu unserem lieben Freund Brobnark dem Neandertaler. Zu Bobnarks Zeiten gab es noch keine Incels.

Aber zu seinen Zeiten gab es auch noch kein Instagram. Ich sehe da eine Verbindung. Schließlich kann man sich schlecht *richtig* schlecht fühlen, wenn man weiß, dass andere Leute im wahren Leben genauso scheiße und unglücklich sind wie man selbst. Na, wie dem auch sei, Brobnark hat ein Problem. Er ist hässlich wie die Nacht. Dabei ist es nur fair zu erwähnen, dass unter unseren heutigen Homo-sapiens-Gesichtspunkten die Fratzen *aller* Neandertaler schauderhaft wirken – und umso schauderhafter ist, dass man immer wieder auf Menschen mit offensichtlichen Restgenen jener Zeit stolpert, nicht nur im Verhalten, auch mit körperlichen Spuren. Denn das bedeutet, dass sich tatsächlich normale Menschen mit diesen seinerzeit schon ziemlich überholten Altmenschen eingelassen haben und daraus tatsächlich unheilige Leibesfrüchte erwuchsen. (Das ist übrigens *wirklich* so passiert, fragt Jonathan Frakes.) Das war damals tatsächlich möglich. Sie waren gröber, deformierter von Gestalt, deutlich weniger zivilisiert und auch sonst eher ein Auslaufmodell. Aber sie hatten prächtige Muskeln. Sie waren die Footballer der damaligen Zeit: Jede vernünftige Frau stellt infrage, ob man mit kraftstarrender Gewaltmasse allein glücklich werden kann, wenn man beim Blick in die wulstüberformten Augen eher in eine schlammige Pfütze denn einen düsteren Ozean blickt. Doch es scheint auch damals Bewunderinnen gegeben zu haben. Nun sollte auch ein Incel anhand dieses Beispiels aufmerken – die Geschichte lehrt uns nämlich, dass selbst abstoßende Lebensformen mit annähernd menschlichen Merkmalen die Möglichkeit haben, zum Stich zu kommen. Also zumindest mit fetten Muskeln.

Oder Moment … Alex, halt ein. Vielleicht ist dieser Anteil Neandertalergene in uns auch nur deshalb vorhanden, weil Incels wie Brobnark sich einfach nahmen, was sie wollten

– und bereits eine Stufe weiter waren in der Frage, ob man Frauen nicht zwangsverteilen sollte. Vielleicht ist eben*dies* der Beweis, dass sie recht haben mit ihrer Forderung. Wollen wir etwa, dass die Neandertaler der heutigen Zeit aussterben? Denn das ist die Alternative. Entweder sie bekommen Frauen zugeteilt, oder sie begehen Selbstmord. Bewegt man sich in ihren Foren, stolpert man tatsächlich immer wieder darüber, dass genau *das* die Alternativen zu sein scheinen.

Deshalb sage ich: Rettet die Incels oder sie sterben aus! Errichtet Reservate für sie, findet Weibchen für die Paarung und schützt ihre Population. Finanziert wird dies alles durch Eintrittsgelder. Besucher können diese uralte Spezies fortan in einem Gehege weiter vor sich hin existieren sehen. Wow, wie ein Blick direkt in die Steinzeit! »Geh nicht so nah ans Gehege, klein Ronny, die werfen sonst wieder mit Kacke und Hasskommentaren.« Vielleicht existiert zu diesem Zeitpunkt noch unser geliebtes Fernsehen. Ich würde mich hier bereits freiwillig als Sprecher für eine Zoosendung melden, die wie im Stil bisheriger Reportagen über das Tagesgeschäft verschiedenster Zoos der Nation über das Wehe und Werden der Steinzeitgesellschaft berichtet. Vielleicht mit dem Titel: »Fettsack, Arschloch und Co.«
»Herzlich willkommen zu ›Fettsack, Arschloch und Co.‹! Ein neuer Tag ist angebrochen über der jungsteinzeitlichen Trockengrassavanne im Arterhaltungsreservat Hinterdupfing-Oberumme. Wird Achim es heute gelingen, das für ihn ausgewählte Weibchen Anette anzusprechen, oder ist er weiterhin zu beschäftigt, seinen Char bei WOW zu leveln? Wir werfen einen Blick auf Klaus, der zusammen mit Murat eine Hetzkampagne über 4chan und Reddit vorbereitet. In Gehege zwei haben sich wieder drei Incels erhängt – für ihre ausgewählten Weibchen endet damit das Experiment nach

einigen Monaten gelangweilter Selbstgespräche.« Vermutlich wird dieses Experiment jedoch bereits in der zweiten Generation scheitern, da sich in der neu geschaffenen Incel-Community keine Paarung ergibt, da mit der Zwangsehe im Steinzeitzoo die grundlegende Problematik nicht aufgehoben wird: Sie sind nicht in der Lage, mit Frauen zu kommunizieren, und haben grundlegende Probleme, die sie nicht angehen, sondern auf die Frau projizieren. Falls es doch einer schaffen sollte, aus dem Kreislauf des Selbsthasses herauszukommen, würde er die Weibchen wie ein prähistorischer Clanführer für sich beanspruchen und dafür sorgen, dass sich die unterlegenen Männchen nicht mit ihnen paaren dürfen. Plötzlich klingelt eine Glocke laut und schrill – ein perfekt bis zu den Ohrhaaren durchgestylter Showmaster betritt das Plastikgras im Gehege. Die Incels drücken sich verschreckt in den Schatten, als sie das Kamerateam sehen, das dem Showmaster folgt. Strammen Schrittes hält dieser auf den Clanführer zu und schüttelt ihm energisch die Hand. Mit einem Lächeln, das aufblitzt wie ein Messer, das auf den Incel hinabfährt, teilt er mit:

»Herzlichen Glückwunsch, Sie haben soeben ›Ich bin ein Urmensch, holt mich hier raus!‹ gewonnen! Kommen Sie mit, durch Ihren Sieg haben Sie sich einen Platz in unserer neuen Show *Steinzeit-Big-Brother* gesichert – Gratulation! Obendrauf erhalten Sie einen lebenslangen Vertrag mit unserem Sender und ein Duett mit Pietro Lombardi!« Der Showmaster zerrt den Gewinner aus dem Gehege und hinter dem Kamerateam fällt die Tür ins Schloss.

Ich glaube fest, dass man vieles mit Charisma, positivem Denken und ein bisschen Arbeit an sich selbst erreichen kann. Man wird nur aus purer Faulheit und Ignoranz zum Incel.

Hört auf, andere für eure Angelegenheiten verantwortlich zu machen! War das so eine Art Ratschlag für alle, die sich hässlich und ungeliebt fühlen? Na, muss ja auch ab und an mal sein. (Nun habe ich nicht nur damit Geld verdient, diese Dokumentation auf Twitch angesehen zu haben, nein, ich habe nun auch noch Geld damit verdient, sie in diesem Buch erwähnt zu haben. Das nenne ich Mehrfachverwertung.)

PAARUNGSPARANOIA

Wer war da schon alles drauf? Eine Frage, die in vielen Situationen wirklich in den Gedankenstrom fließt. Wenn du vor einer öffentlichen Toilette stehst und das Leben vor dem geistigen Auge vorbeizieht. Oder wenn du deinen Blick in den klaren Nachthimmel lenkst, die silbrige Scheibe des Mondes erblickst und überlegst, ob die Mondlandung doch bloß ein Fake war.[33] [34] [35] [36] Wer war da schon alles drauf? Das passt auch für Pillen, die du auf der Toilette eines Techno-Bunkers in der eigenen Handfläche betrachtest und bei denen du dich zu erinnern versuchst, von wem du sie noch mal gekauft hast. Es gibt aber mindestens eine Situation, in der du wirklich vermeiden solltest, dir diese Frage zu stellen. Nämlich wenn du kurz davorstehst, mit einer (noch) fremden Person das Tier mit den zwei Rücken zu machen. Wie in einer Galerie steht ihr euch gegenüber und sucht nach den versteckten Details, Hinweisen, etwaigen Beschädigungen und reibt euch das Kinn – ob nun mit oder ohne Bart. Ich denke, wenn du aus allen Gesprächen das herauskürzen würdest, was nur dem Abschätzen eines möglichen sexuellen Kontakts und Techtelmechtels dient, würdest du eine Menge Konversation einsparen. In meiner Jugend fragte ich mich voll intellektuel-

---

[33] Die Mondlandung war ein Fake!

[34] Nein, war sie nicht!

[35] Doch!

[36] Nein, du Aluhut!

ler Überheblichkeit, weshalb alle dem Sex so viel Bedeutung beimessen. Und auch heute sehe ich das kritisch. Wir zerdenken Sex zu sehr, geben ihm zu viel Raum, zu viel Kontrolle über unser Handeln, lassen Hormone unreflektiert Entscheidungen beeinflussen. Eigentlich bin ich äußerst rational, um hier mal *Trailerpark* zu zitieren, gleichsam jedoch immer geistig behindert vor Liebe (oder wenigstens Begehren). Am schlimmsten jedoch ist genau dieser konkrete Gedanke, der wie vorauseilende Eifersucht wirkt. *Wer war da schon alles drauf?* Diese Überlegung ist genauso falsch, wie sie richtig ist. Wie kannst du dir als moderner und deshalb vermutlich eher promiskuitiver Mensch überhaupt anmaßen, das sexuelle Vorleben des Partners zu bewerten? Doch stehst du da und haderst: Bist du wirklich so offen und fortschrittlich, wie du es gern von dir behauptest? Was, wenn du doch besitzergreifend bist? Zu toxischer Männlichkeit neigst? Wobei ... kann es denn überhaupt schlecht sein, das *Toxischsein*? War nicht Britney Spears' bester und most sexy Song »Toxic«? Und überhaupt geht es doch darum, der anderen Person zu zeigen, dass du sie so sehr schätzt, dass du auch rückwirkend eifersüchtig bist. Auch Sexualhygiene geht uns schließlich alle an! Dazu ist es irgendwie auch nachvollziehbar, dass du über frühere Partner deinen eigenen Wert bemisst. Hast du einen guten Fang gemacht, reihst du dich in eine Menge attraktiver und bemerkenswerter Menschen ein – oder bist allein unter Aussätzigen, was sehr hilfreich sein kann, um dein Ego in Schach zu halten.

Vielleicht bist du ja auch einer dieser eher unattraktiven Zeitgenossen? Oder hast dich unter Wert verkauft? Schnell bist du an dem Punkt, an dem du über den Wert deines Gegenübers nachdenkst. »Wie viel ist er denn wert, wenn er jede meiner Freundinnen bestiegen hat? Ein räudiger Köter, ein geiler Knecht seiner Triebe. Ein Trophäenjäger? Ist er vielleicht emotional so ungefestigt, dass er seinen Selbstwert nur über Erfolg und Misserfolg bezieht? Ist er emotional verkümmert und drückt Liebe nur durch sexuelle Lust aus?« Dünnes Eis, in jedem Fall! Oder geht es hier möglicherweise um eine antiquierte Weltanschauung und das Aufrechterhalten eines Rollenbildes, das vom Gegenüber verlangt, Sex zu forcieren? Andersherum gedacht – waren es überhaupt *genug* Partner? Ist die Person, mit der du dich vereinigen möchtest, überhaupt schon erfahren, weiß sie, was sie möchte, was ihr gefällt, was sie braucht und ihr guttut? Sucht sie Neues oder Festes? Und, und, und.

Ich denke, es wird deutlich: Sobald du dieses Karussell besteigst, kommst du nur wieder runter, wenn du in voller Fahrt zu kotzen beginnst. Wenn es dir wirklich so wichtig ist herauszufinden, welche Person du da unter oder über dir hast, dann lerne sie doch einfach kennen. Vielleicht, unter ganz speziellen Umständen, ist ein Mensch, der sich in der Vergangenheit nicht auf einen Partner festlegen wollte, um sich auszuleben, dadurch viel gefestigter und weiß, was er will. Viel mehr als du, der immer noch verunsichert auf der Suche ist. Ein Mensch ist die Summe seiner Teile und deine Vorstellung davon, was schicklich und unschicklich ist, bestimmt nicht seinen Wert – sondern deinen Horizont.

Jetzt sind wir ja tatsächlich noch in den *Deep Talk* gekommen. Verdammt, jetzt ist mir doch noch ein echter Ratschlag rausgerutscht. Penis!

POLITISCH KORREKT IN DIE HÖLLE

Es gibt Dinge, die gehören verboten. Das wusste schon Opa. Beispielsweise Werbung, die sich gezielt an Kinder richtet. Es ist schließlich keine neue Erkenntnis, dass Kinder nicht zwischen Inhalten und Werbung unterscheiden können und deswegen zu willenlosen Konsumsklaven erzogen werden können, was auch der Grund ist, warum manche YouTuber einen so immensen Erfolg verzeichnen. Echtpelz gehört verboten für alle, die nicht in Sibirien und auf Grönland leben, genau wie Hahnen- oder Hundekämpfe in zivilisierten Ländern verboten wurden. Monopolbildung ist auch völlig zu Recht verboten, nur leider sind wir in der Realität schon längst abhängig von einer Handvoll Firmen. Diese aber bilden glücklicherweise Oligopole, deswegen ist es scheinbar wieder in Ordnung. Nunchakus sind in Deutschland verboten, vermutlich weil es total bescheuert aussieht, damit zu kämpfen, und sich deutlich mehr Leute selbst damit verletzt haben, als durch ihren Einsatz als Waffe zu Schaden gekommen sind.

Was allerdings nicht verboten sein sollte, sind Humor und die Möglichkeit, die fragwürdigen Seiten des Lebens und der Gesellschaft aufs Korn zu nehmen und damit nicht nur zu demaskieren, sondern auch zu einer Verbesserung der Umstände anzuregen beziehungsweise zu verhindern, dass andere Menschen Schaden nehmen. Zwischen ernst zu nehmender Kritik, satirischer Überspitzung und schamloser Beleidigung liegt ein Feld, das dem No Man's Land zwischen den Frontlinien des Ersten Weltkrieges gleicht, voller zerfetzter Leichen, Bombentrichter, gefüllt mit Blut und Exkrementen, sowie Drahtverhauen, Minen und bodenlosen Löchern, die sich überraschend unter einem auftun – von bisher unbemerkten Mineuren angelegt. Wer sich aus den »sicheren« Schützengräben hinausbewegt, bekommt eine Kugel zwischen die Augen oder wird von Schrapnellen zerrissen. Keine Schützenhilfe, niemand, der dich aus dem Minenfeld zieht. Man lässt dich dort in Ruhe ausbluten aus Angst, selbst getroffen zu werden. Um die Moral oben zu halten und zu suggerieren, man lasse sich durch das Trommelfeuer nicht einschüchtern, schießt man ab und an wahllos über den Rand des Grabens und hofft, jemanden zu treffen. Man trifft fast nie – häufiger erwischt es einen dann zufällig noch selbst. Manch einer schießt sich selbst in die Hand. Was nicht unbedingt nach der besten Idee klingt, ist im Grunde ein geschickter Plan. Denn das Ergebnis ist oft ausreichend, für die Tapferkeit und Opferungsbereitschaft gefeiert und prämiert zu werden. Fronturlaub und Ehrentitel folgen oft genug und man entkommt dem unschönen Grabenkampf als Altgedienter. Oder Spast. Das Tückische: Das frische Kanonenfutter wird völlig unvorbereitet in die Gräben geschickt und die wenigsten wissen bei einer Offensive, dass sie keine Chance haben, auf den Killing Grounds zu überleben; weder wie sie Tretminen vermeiden noch an welcher Stelle sie sich bücken sollten, um nicht von einer Salve zerfetzt oder von einer Explosion gleichgültig zur Seite gefegt zu werden. Bücken ist grundsätzlich ein wundervolles Stichwort – also nicht für den Rücken, sondern um zu illustrieren, was man tun muss, um langfristig in dieser Welt der

Grabenkämpfe zu überleben. Mit rundem Rücken schießt dir selten jemand in den Kopf. Und Messer verfehlen selbigen auch öfter. Immer und immer wieder bückst du dich, um dem Schrapnellgewitter zu entkommen, und kriechst durch Dreck und Exkremente, während dir immer wieder andere auf die Finger treten, über dich hinwegsteigen und mit einem Knall über dir in Fetzen gerissen werden. Gas und Flammöl steckt sie in Brand und über dem Feld, das sonst finster ist wie die Herzen von Feuilletonschergen, zerbersten diese Exemplare in gleißender Hitze. Das ist der Deal, das Wesen der Sterne ist durch nichts anderes definiert, als zu verbrennen. All die Trabanten und kalten Trümmerstücke, die durch das Universum treiben, sind Reste eines größeren Etwas, das mit der Zeit zerschlagen, aufgespalten und zertrümmert wurde. Auch du bist ein Trabant, vielleicht nur ein Komet. Aber auch deine Zeit kann kommen – weniger spektakulär als eine Supernova im Flammenauswurf, aber mit kontinuierlicher, vorsichtiger Arbeit erreichst du vielleicht eines Tages eine Atmosphäre, in der du verglühen kannst. Und wenn du alles richtig gemacht hast, triffst du sogar ein paar Leute damit. Aber eigentlich sollte das eher die hässliche Fratze der Unterhaltungsindustrie wiedergeben. Politische Korrektheit geht viel weiter, sie ist eher wie die Kopf- *und* Zahlseite einer Münze, die wir unentwegt werfen, Recht und Unrecht zugleich. Wann darf ich einem Menschen, den ich hasse, sagen, dass es so ist? Warum sind manche Menschen davon ausgenommen? Ist es in Ordnung, dass wir immer weniger sagen, was wir denken, auch wenn das, was wir sagen könnten, verkehrt sein könnte? Nur weil etwas nicht ausgesprochen wird, heißt das nicht, dass es nicht gedacht würde. Wir können zwar wunderbar ignorieren, dass es Menschen gibt, die so denken, wie wir es nicht wahrhaben wollen. Anstatt eine gesellschaftliche Veränderung anzustoßen, an deren Ende bei einer größeren Zahl von Menschen ein integrativeres Weltbild entsteht, gehen wir den einfachen Weg und verbieten uns, daran erinnert zu werden, dass das Problem weiterhin existiert. Anstatt die Lepra zu bekämpfen, werden alle Aussätzigen in Lager verfrachtet, wo sie gefälligst verrotten können, *ohne* dass sie einen mit ihrem Anblick erschrecken können. »Natürlich fahren wir die kürzere Route nach New York. Wir sparen ganze zwei Tage.«

»Aber Captain Smith, da gibt es Eisberge.«

»›aBeR cApTAiN smITh, dA giBt eS eISbeRgE...‹ Ich habe mich wohl verhört! So etwas nehmen wir nicht in den Mund. Und noch etwas: Fahren Sie bloß nicht dagegen, sonst sind Sie gefeuert. Ich empfehle mich für heute, Mr Murdoch.«

Ein kleiner, unbedeutender Autor veröffentlichte vor einem Dreivierteljahrhundert einen kleinen, unbedeutenden Roman mit dem Titel *1984* über das Phänomen der zentralisierten Sprachmanipulation. Werfen wir abermals die Münze: »Politische Sprache soll Lügen wahr klingen lassen und Wind den Anschein von Solidität verleihen.«

Wenn Dinge einfach verschwinden können, nicht mehr im Sprachschatz verwendet werden dürfen, man Gedanken nicht mehr in einer spezifischen Weise ausdrücken kann, dann verschwindet mit ihnen das Potenzial, bestimmte Gedanken zu fassen und bestimmte Handlungen zu tätigen. Die Münze fliegt und man erkennt, dass man damit auch viele negative Entwicklungen unterdrücken kann. Und die Münze fliegt: »Der große Feind einer genauen Sprache ist die Unaufrichtigkeit.«

Haben wir das Ziel bereits erreicht, wenn die Menschen sich nur Masken der Toleranz vor das Gesicht halten, oder müssen sie umerzogen werden? Das überspitzte Ergebnis einer Umerziehung sehen wir in *1984*. Ansonsten verändert sich vermutlich gar nichts. Nur das Schlachtfeld wird breiter und breiter. Und die Granaten fliegen in höherer Frequenz. Ich wünsche mir eine Gesellschaft, in der *mehr* sagbar ist – aber die Menschen aufeinander Rücksicht nehmen. Denn Kritik und Diskurs sind unerlässlich. Jeder sollte lernen, damit umzugehen, ohne sich angegriffen zu fühlen und kollektive Verteidigung zu fordern unter dem Vorwand, man dürfe ihm spezifische Dinge gar nicht zur Last legen, weil dies ... unsensibel sei. Wenn ein jeder seinen Standpunkt nicht als unverrückbar betrachtete und mit der Realität immer wieder abgliche – wie schön wäre diese Welt! Genau, Utopia. Das wird niemals passieren. Es wird für immer Krieg und Diskriminierung geben, und wer denkt, er oder sie könne das verändern, ist ein furchtbarer Naivling. Alex, nimm dich zusammen, das sieht dir gar nicht ähnlich. Hast du in diesem Kapitel was gelernt? Ja! Immer schön gebückt laufen, dann passiert dir nix.

BEI ANREMPELN MORD

Die Außengrenze des menschlichen Körpers ist schwer zu übersehen. An der Haut hört alles auf, und wenn doch mal was rausfällt, wissen wir: Das ist kein gutes Zeichen. Ein Kind beispielsweise. Dringt etwas in den Körper ein, bereitet es ebenfalls nur Probleme. Eine Lanze beispielsweise. An und für sich ein netter Gegenstand, hübsch anzusehen, handschmeichelnd mit recht eindringlichem Charakter – aber man wird spontan seine Meinung überdenken, wenn sie sich zwischen den Rippen verkeilt. Solange alles auf der Außenseite der Haut bleibt, wie es dereinst die Götter bestimmten, ist alles in herrlichster Ordnung und wir freuen uns eines wenig leidvollen Lebens. Ich möchte daher in diesem Kapitel folgende Weisheit mit dir teilen, notiere bitte, aber nicht in das Buch, du respektloses Schwein: Meide, von Lanzen durchbohrt zu werden. Und wenn du behauptest, das sei an und für sich gar keine wirkliche Lebensweisheit, dann zeige mir einen Menschen, dem eine Lanze im Körper zum Vorteil wurde. (Also im Ernst, schreib mir unbedingt eine Mail zum Thema!)

So rate ich prinzipiell von der Tjost ab, zumal bei diesem ehedem beliebten und sehr edlen Freizeitsport aus politischen Gründen kaum noch Prinzessinnen gewonnen werden können, wodurch sie wohl ursprünglich erst aus der Mode kam. Was gibt's heute zu gewinnen? Kuscheltiere aus recyceltem Plastikmüll – danke, 21. Jahrhundert.

Trotzdem haben wir viele verschiedene Hobbys. Manche Leute sammeln Briefmarken. Ich glaube, Philatelie kommt bei solchen Aufzählungen immer als Allererstes, weil sie so langweilig und nutzlos ist, dass selbst die Leute gut wegkommen, die armstricken oder verschiedene Sorten von Gras (nicht das zum Rauchen) züchten. Briefmarkensammler sind auch vom Schlag derjenigen Leute, die sich auf Arbeit vorstellen, wie sie Sex mit ihren Vorgesetzten haben, oder wildfremden Leuten erzählen, warum sie Veganer werden sollten. All diese Hobbys sind zwar moralisch äußerst verwerflich, aber darüber hinaus auch total bescheuert. Ich hingegen genieße es, Leuten nicht zu nahe zu kommen. Deswegen vermeide ich auch, sooft es irgend geht, den öffentlichen Personennahverkehr. Oder meine Wohnung zu verlassen. Ob das ungesund ist? Relativ. Verglichen mit einem Flachköpper in einen aktiven Vulkan hinab, sehr gesund. Verglichen mit einem normalen, ausgeglichenen Sozialleben, Sport an der frischen Luft und Meditation, eher ungesund, ja. Nahverkehrsmittel allerdings sind der Gesundheit *deutlich* abträglicher als meine Schutz bietende, hermetisch abgeriegelte Wohnung. Meistens fühle ich mich nach einer Fahrt im überfüllten Bus auch eher von diesem benutzt als umgekehrt, so verschwitzt und zerknittert, wie ich da am Ende ausgespuckt werde. Diese und andere furchtbare Erfahrungen ließen mich zu einem großartigen Autofahrer gedeihen, aber auch zu einem sehr schnellen Fußgänger – vielleicht musste ich auch das eine oder andere Mal vor etwas wegrennen. Vor meiner Verantwortung als erwachsener Mensch beispielsweise! Oder Leuten, die meine »Aussagen« in den falschen Hals bekommen haben, Frauen zumeist. Oder dem Finanzamt. Zumindest aber kann man festhalten, dass das Fehlen sozialer Kompetenzen dir im wahren Leben weiterhelfen kann! Ganz besonders in einer Pandemie, wie letztens … was war da doch gleich? You name it. Es gab aber eben auch eine andere Zeit, eine Zeit, in der es – warum auch immer – völlig normal war, sich so eng aneinanderzupressen, dass man sich fragen musste, ob das eigentlich der eigene oder fremder Schweiß auf der Haut war.

Es gibt eine menschliche Neigung, über die ich in diesem Buch immer wieder schreibe und die – warum auch immer – stets negativ konnotiert ist. Dabei regelt sie wie keine andere innere Regung das Überleben so effektiv. Ich rede natürlich von Abscheu. Abscheu vor fremder Leute Gerüche. Ob diese Gerüche nun durch Parfüm oder das Fehlen desselbigen hervorgerufen werden, ist leider oft unerheblich, da alle die ausgewogene Mitte zu verfehlen scheinen. Noch schlimmer als die Gerüche von Menschen sind die Geräusche, die sie machen. Und da beziehe ich mich noch nicht mal auf Gespräche, die dreist vor den Ohren völlig Unbeteiligter in einer Lautstärke geführt werden, die deutlich vermittelt: Ihr seid völlig irrelevant. Da steht er, in einen Mantel von Joop! gehüllt, darunter vermutlich einen Anzug von Boss, alles zwischen Blaugrau und Anthrazit gehalten, unauffällig, schlicht, uninteressant. Ein Mensch, wie man ihn nicht wahrnehmen würde – oder müsste, weil er unter den Marken seiner Kleidung so wenig *eigenen* Charakter besitzt, dass er einen Antagonisten in der *Twilight*-Saga hätte geben können. Deswegen fällt ihm jeden Morgen nichts anderes ein, als sich in einem Nuttenwasser – ich entscheide mich hier für den veralteten, beleidigenden Begriff, weil er nottut, um zu illustrieren, *wie* die olfaktorische Vergewaltigung vonstattengeht – der furchtbarsten und vermutlich auch kostspieligsten Sorte zu baden. Vermutlich auch von innen. Nicht genug, dass dieser Saft dick genug ist, eine Art Schutzwall um das schwache Ego zu mauern, nein. Dieses Attentat wird noch begleitet von einem akustischen Angriff, nichts anderem als einem sadistisch-dadaistischen Shit-Talk-Bombardement!

Wenn du dich jemals gefragt hast, ob die wild wuchernden denglischen Entgleisungen, die sie ihren vermeintlich bedeutenden Gesprächspartnern über ihre iPhones entgegenblöken, einen tieferen Sinn haben oder auch nur ansatzweise derartiger Kompliziertheit bedürfen, kann ich dich beruhigen. Nein. Haben sie nicht. Es ist wie mit Pavianen, die sich ihre erigierten Penisse zeigen, um herauszufinden, wer das dominante Männchen ist. Nur riechen die Paviane nicht so penetrant. Haha, ein Wortwitz. Übrigens weiß ich nicht sicher, ob Paviane so etwas machen, aber es soll Duschen in Fußballerheimen geben, wo solch ein Verhalten von Zeit zu Zeit beobachtet werden kann.

Wenn ich solchen Menschen unausweichlicherweise begegne, bin ich noch verhältnismäßig entspannt – also gemessen an dem Grauen, das mich beim schieren Gedanken an die nächste Kategorie überkommt. Denn es gibt etwas, das noch grauenerregender ist. Viel schlimmer sind das Schmatzen und Schlürfen gedankenlos vor sich hin sabbernder Menschen, die sich mit obszöner, beinahe sexueller Überzeugung über ein minderwertiges Backerzeugnis hermachen. Beherzt hineinbeißen, während links und rechts die alles Gustatorische ertränkende Remoulade aus den Mundwinkeln hinausschießt und am unrasierten Doppelkinn herunterläuft. Mit dem dicken Fleischlappen, den sie ihre Zunge schimpfen, lecken sie die fettglänzenden Lippen, um unter Schmatzen die Happen in ihre geweitete Speiseröhre zu bugsieren.

Oder sie schmatzen einfach so vor sich hin, weil sie zu alt und verkalkt sind, um zu realisieren, dass ihr Körper unkontrolliert vor sich hin zuckt, da das schiere Aufrechterhalten grundlegender Lebensfunktionen einen nicht unerheblichen Kraftakt für sie darstellt.

Das alles wird nur noch in den Schatten gestellt von all jenen, die diese Zuckungen so wenig unter Kontrolle haben, dass sie ihre Extremitäten – im schlimmsten Fall sogar ihren Korpus – in meinen Safespace strecken. Dabei bin ich weiß Gott nicht anspruchsvoll! Mir reicht es ja schon, wenn ich keinen Oberschenkelknochen in die Bauchdecke gerammt bekomme oder ich die U-Bahn-Fahrt nicht mit dem Engtanz in der nächsten Großraumdisco verwechseln kann. Auch bin ich kein prüder Mensch, doch möchte ich gefragt werden, wenn jemand seinen oder ihren Arsch gegen mein Schambein presst. Da kommen nämlich schneller Fragen auf, als beiden Parteien lieb ist.

Selbst in diesen Momenten höchster Not bleibe ich ganz der vorausschauende preußische Mann, der ich bin, und halte mich vorschriftsgemäß, aber so wenig raumgreifend wie möglich am nächsten Handlauf fest. Doch nicht jeder Mitreisende schafft es, seinen unnützen Leib senkrecht zu halten, und schnell kegeln die Reisenden umher, streng nach dem Motto: »Hauptsache, gut abrollen« – oder zumindest nicht am Rand stehen. Das Gesicht eines Mitreisenden hilft, sich selbst vor Prellungen zu schützen!

Überhaupt sind Gesichter in verschiedensten Situationen einsetzbar – nicht nur, um sich anderen Spezies als Mitglied der menschlichen Rasse zu offenbaren. Man kann ferner auch reinschlagen. Vornehmlich nicht in das eigene, wobei man da einzelfallabhängig abwägen muss. In der U-Bahn neige ich eher dazu, fremde Gesichter zweckentfremden zu wollen. Doch die Zeiten werden besser, schließlich herrscht Pandemie. (Keinen

Schimmer, ob sie, da du dieses Buch in Händen hältst, überwunden sein wird oder du zu den letzten Überlebenden zählst, die sich an die äußersten Ränder der Welt begeben haben, um voneinander separiert auszuharren, bis auch sie der Krankheit erliegen.) Selten wird gefragt, ob eine Pandemie nicht doch vielleicht auch Positives mit sich bringt. Ich denke, du hast bisher ausschließlich darüber nachgedacht, was du gegen Corona tun kannst – aber nie, was Corona für dich tun kann! Du bist immer so ichfixiert, das ist mir jetzt schon ein paarmal aufgefallen. Leg das mal schleunigst ab, sonst machst du dir eine Menge Feinde unter denen, die die Heuchelei perfektioniert haben, um sich selbst in ein besseres Licht zu rücken. Wenn ich vor Corona drohte, jemandes Arm operativ zu entfernen, wenn er ihn mir ein weiteres Mal in die Seite presste, so hielt man mich für einen gemeingefährlichen Psychopathen. Corona sei Dank aber würde ich jetzt schlimmstenfalls als leicht überreagierender Durchschnittsknallkopf erscheinen. Die Angst vor menschlichem Kontakt ist nach einer bei uns fast nur durch die Medien erfahrbaren Pandemie deutlich akzeptierter, als wenn man das Eindringen in die Körpersphäre ablehnt.

Die schlimmsten Eindringlinge habe ich euch bisher ja noch verschwiegen. Jene sich keiner Schuld bewussten und leicht reizbaren Gemüts sind äußerst gefährlich. Großstadtabenteurer und Überlebenskünstler, stets mit geschultertem Deuter, der nur wenig kleiner ist als ihre Gleichgültigkeit dem eigenen Erscheinungsbild gegenüber, die sich notorisch tolerant und kontaktoffen besandalten Fußes durch die engsten Menschenmassen zwängen. Der neckisch als Großstadtdschungel bezeichnete deutsche Forst aus Stahlbeton und Hundekot[37] ist nur dann ein gefährliches Pflaster, wenn man

[37] Nicht wahr, Berlin!?

sich mittags auf Mushrooms in den Berufsverkehr begibt. Doch bei den funktionsbekleideten Lastentieren ist permanente Aufmerksamkeit geboten – möglicherweise haben sie ja wirklich Pilze genommen, so wie unsere Vorfahren in schamanischen Ritualen, um der Natur näherzukommen. Das muss sogar im Berliner Moloch möglich sein. Und wenn es ums Überleben geht, so ist sich jeder selbst der Nächste. So walzen und prügeln die Ruckbesackten im Bugwasser der Zerstörung – geprellte Rippen, gequetschte Finger, zertrümmerte Nasen und eingedrückte Genitalien. Was in die Quere kommt, wird exterminiert. Wenn man versehrt auf den Knien den finalen Schlag erwartet, dreht sich der Rucksackträger um, Hassglut in den Augen: »Der Nächste, der mich schubst, stirbt!«

Man würde protestieren, die absurde Ungerechtigkeit der Situation hinausschreien – doch statt eines verständlichen Tons dringt aus der zertrümmerten Kehle bloß das Blut hervor.

Auch diese menschlichen Abrissbirnen sind nicht die gefährlichsten – und nervtötendsten – Zeitgenossen. Nicht einmal das größte Maß an Egomanie und Verschlagenheit ist ihnen zuzurechnen. Denn es gibt auch noch Eltern. Schon wenn ich deren Namen in den Mund nehme, schaudere ich vor Zorn. Wir alle kennen sie und begegnen ihnen täglich. Ist das Glück uns hold, nur in sicherer Distanz. Ich selbst war viele Male in der unglückseligen Situation, ihnen zu nahe zu kommen. Eltern, die ihre Kinder mit hypermodernen und -mobilen Komfortstreitwagen durch Kaufhäuser, Passagen und Naherholungsgebiete pflügen. Ähnlich phönizischen Sensenstreitwagen, mähen die Lenkenden Schneisen durch das Fußvolk. Welch Fauxpas, der wichtigsten Person des Erdenrunds in den Weg zu treten: ihrem Kind. Ja, die unverhohlene Brutalität und Rücksichtslosigkeit liegen gar nicht im Eigeninteresse der Eltern! Vielmehr sind auch sie nur Erfüllungsgehilfen, niedere Aufzuchtsdrohnen dieses gottgleichen Wesens. Gott selbst muss in den Offroadbuggy ejakuliert haben! Mit der Vehemenz eines Templerstoßtrupps, der die Bundeslade aus dem Heiligen Land zu schaffen bestrebt ist, treiben sie den Karren voran. Und wer unter die Räder kommt, ist nichts als ein Bauernopfer für Gottes großen Plan – *Deus vult!* Wo ist die Moral? Gewalt ist durchaus akzeptabel und dazu noch amüsant – also für die Templer.

Die Vietnamflashbacks bei unfreiwillig zu dicht geratenem menschlichen Kontakt dieses Grades führen unvermeidlich zu Wutausbrüchen, sogar und gerade auch beim Autofahren. Wenn mir ein mittelalter Gentleman mit Kopfschütteln erregender Vorliebe für kurzarmige karierte Hemden mit Brusttasche in seinem Firmen-Passat oder 5er-BMW etwas zu dicht und gelegentlich unter Abgabe von Lichtzeichen auf den Lack rückt. Vornehmlich auf der linken Spur bei Richtgeschwindigkeit von entspannten und wenig aggressiven zweihundert Kilometern die Stunde. Da, in solchen Augenblicken, verfalle ich in einen Schockzustand, der mich jäh vergessen lässt, dass ich links ja zweihundert fahren *wollte*. Ich denke aber, es ist verständlich, dass ich in solch bedrängten Situationen für einen Moment das Tempo auf übersichtliche Achtzig verringere. Das heißt, zumindest bis sich die Bedrohungssituation entspannt und der Kopf des Aufdringlichen ebenso rot leuchtet wie meine Rücklichter.

Halte also immer Abstand von Menschen, du weißt nie, ob sie über Torpedos verfügen oder auf der Suche nach der Bundeslade sind. Oder einfach so ihre Lanze in dich rammen wollen, wenn sie ihren Nachwuchs Gassi fahren.

GENERATIONSKONFLIKT ENDET NIE (IF OFFENDED YOU *ARE* OLD!)

Diese Kapitel ist eine panische Reaktion auf einen Artikel, den meine verquollenen Augen im Halbschlaf eben aufsaugen mussten. Was sich dort auf meine Retina brannte, erschütterte mich ernsthaft und riss eine im hintersten Eck meines Innersten bisher fest verzurrte Kiste auf. Nein, keine Büchse der Pandora – eher ein gigantischer *Container* der Pandora. Ein Schweinetrog voll Unheil, das sich zu unseren Füßen über den Schlamm des Lebens ergießt, sobald die falsche Schnauze hineingetunkt wird. Einer unserer größten Helden ist öffentlich angegriffen und hingerichtet worden! Was sage ich – das Idol meiner Adoleszenz schlechthin, der Wegbereiter meiner geistigen Reifung, hingerichtet von einer Person, die zum Zeitpunkt meines Abiturs[38] bestimmt noch in die Windeln gemacht hat. Einem Generation-Zler verdanken wir, dass wir uns kollektiv für eine Fantasie schämen sollen, die so unschuldig und nachvollziehbar ist, dass sie in den Kanon menschlicher Dichtung einzugehen verdient, unantastbar wie *Der Erlkönig* oder *DA DA DA*.

---

[38] Matura, für unsere Freunde in den Kellern Österreichs.

Sinngemäß sollten wir uns alle dafür schämen, unsere Zeit damit verschwendet zu haben, darüber zu debattieren, welchem der vier Häuser wir in Hogwarts angehört hätten, während wir in einer Einzimmerwohnung verschimmelten. Mein innerer Zorn – meine absolute Lieblingsfigur aus dem Disneyfilm mit den Emotionen ... wie der heißt, ist mir gerade entfallen und ich bin zu faul nachzuschauen – schiebt sich die Hemdsärmel hoch, während eine Flamme über seinem Kopf auflodert.

Natürlich kann sich eine Zwanzigjährige, die in ihrem Leben außer dem Inneren des SUVs ihres Vaters und dem Prenzlauer-Berg-Gymnasium nur das Display ihres Smartphones gesehen hat, gar nicht vorstellen, wie erhebend das Gefühl ist, das man verspürt, wenn man mit den Fingern über Buchseiten fährt, den Duft des Papiers atmet und Bilder im Kopf entwickelt, die das *eigene* Gehirn gemalt hat. Bilder, die nicht vom Bildschirm diktiert werden – nein, durch die *eigene* Fantasie zum Leben erweckte Welten und Geschichten, die fernsehmäßig adäquat darzustellen in unserer Kindheit viel zu teuer gewesen wäre, in einer Zeit, in der die meisten Teile von Filmen *in der realen Welt* gedreht wurden statt in Hallen mit grünen Wänden. Damals haben wir nicht seelenlos auf Geräte gestarrt, in denen unser ganzes Leben stattfand, und uns eigentlich nur davon abgelenkt, wie furchtbar langweilig und sinnlos unser Alltag ist – wir haben wirklich Dinge unternommen. Draußen. In der echten Welt.

Das denke ich mir natürlich so nicht, dann würde ich schon ziemlich nach meinem Vater klingen ... haha ... nein, so weit ist es doch noch nicht mit mir gekommen ... oder? Nein! Denn wir hatten das Fernsehen. Wir guckten nicht hinab auf kleine Bildschirme, oh, wir blickten auf zu riesigen, schweren

Fernsehgeräten mit gewölbten Mattscheiben, die ein elektrisches Feld umgab, das man an den Fingerspitzen kitzeln spürte, wenn man sich dieses Fenster zur bunten, lauten und absurden Welt von Nickelodeon und den Animes auf RTL II zu berühren getraute. Die Smartphones und Tablets in den Händen dieser Halbkinder verleihen ihnen die Haltung von Sklaven, von *Arbeitsdrohnen* – uns hingegen hat das Aufblicken zum Fernsehen schlimmstenfalls hochnäsig gemacht. Außerdem gab es den Gameboy. Wir waren auch viel drin. Ich bin nicht wie mein Vater. Ende.

ZUM JUNGEKRIEGEN!

Ich habe eine Bitte: Nur weil deine Eltern gerne Großeltern wären, bedeutet das nicht, dass du fortan dein vormals zumindest scheinbar selbstbestimmtes Leben in den Dienst eines Durchfalldespoten stellen musst, bis du zu alt und langweilig bist, noch eigene Träume zu haben. Ich denke, dass ich in den letzten Kapiteln bereits sehr deutlich geworden bin, was dieses Thema angeht. Aber vielleicht spukt der Gedanke ja *immer noch* in deinem Kopf herum. Kein Problem, ich bin ja mit dem Anspruch hier angetreten, dein Leben zu retten – manchmal reicht es eben nicht, mit dem Zaunpfahl zu winken, da muss man ihn schon mal mit aller Kraft auf jemandes Kopf hämmern. Und weil Listen leicht verständlich und bequem zu rezipieren sind und du ja anscheinend die eindeutigsten Totschlagargumente nicht verstehen willst, habe ich dir anbei ein paar Gründe aufgezählt, warum du keine Kinder bekommen solltest.

1. **Dein Kind könnte genauso scheiße sein wie du**
   Der Apfel fällt nicht weit vom Stamm (oder Pferd) – auch wenn der Apfel braune Stellen hat, von Würmern zerfressen wurde und sich beim Aufschlag vermutlich selbst in Apfelmus transformiert. Und egal, wie groß die Rolle ist, die die Erziehung bei der Ausprägung von Merkmalen spielt – ein Blobfisch wird dadurch nicht zum Orka.

2. **Bist du glücklich?**
   Willst du da noch jemand anderen mit reinziehen? Siehste.

3. **Die guten Tage sind gezählt**
   Wir sind die erste Generation, die es schlechter haben wird als die vorhergehende. Die beste Zeit auf diesem Planeten ist seit mindestens drei Jahrzehnten vorüber. Nach uns kommen die Sintflut respektive der Sintbrand. Der Weltuntergang ist überfällig und natürlich erwarten wir ihn schon sehnsüchtig. Was Corona & Konsorten dem Leukämietod durch Gift in der Luft, zu Wasser und zu Lande und von durch Ressourcenknappheit an die Macht gelangten Diktator_innen[39] angezettelten Kriegen zum Vernichten wohl übrig lassen wird, zeigt die Zeit.[40] Wir gehen mit unserem Planeten um, als gehörte er unserem dämlichen Nachbarino. Genau wie mit unseren Körpern – miserabel und zerstörerisch. Du würdest dein Kind in vierzig Jahren ja nicht wirklich in deinen fetten, vergifteten und mit Plastik angereicherten Körper im präonkogenetischen Zustand stecken, nicht wahr?

4. **Es sieht dir ähnlich**
   Für die unter uns, die ihr Gesicht auch ab und an vom Spiegel abwenden können: Bitte tragt dieses Unheil nicht noch in die nächste Generation. Danke schön.

5. **Jemand wie ich könnte es daten, wenn es erwachsen ist**
   Vielleicht date ich deine volljährige und -busige Tochter, wenn ich eines Tages ein alter, aber erfolgreicher Autor

[39] Zeig mir eine Diktatorin und ich halte für immer die Klappe!

[40] Wir weisen darauf hin, dass die Informationslandschaft vielfältig ist. So gibt es neben der *Zeit* auch den *Spiegel*, den *Stern*, die *FAZ* und die *Süddeutsche*, um nur einige zu nennen.

bin und sie einen Sugardaddy braucht, weil du ihr als geschiedener Wochenenddad nichts bieten kannst. Ich bin ein schlimmer Finger und würde mir selbst nicht über den Weg trauen!

6. **Es hört die Musik, die du hasst**
   »Mother of God, it's all toilet sounds!«[41] Ja, so wie Hank Hill wird es auch dir ergehen, wenn du jeden Tag das Dröhnen von Blödsinnsmusik aus dem sogenannten Kinderzimmer ertragen und immer und immer wieder darüber nachdenken musst, wie viel besser früher alles war. Und »früher« bedeutet heute – und heute ist überhaupt nichts gut!

7. **Es spottet deiner**
   Dein Kind wird sich über dich lustig machen und sich für dich schämen, zum Beispiel, weil du dein Geld früher in Datenträger gesteckt hast, die nun seit Jahrzehnten im Wohnzimmer verstauben und im Gegensatz zu ihren Vorfahren aus Vinyl ihr Klanggut in der Zwischenzeit an den Äther abgegeben haben.
   Im Nachhinein ist es immer ganz einfach, sich über Technologie lustig zu machen, die sich nicht durchgesetzt hat. Wie die Floppy Disc tragen manche davon ihr Scheitern bereits im Namen. Erinnere dich, wie du dich seinerzeit über die Leute lustig machtest, die auf HD-DVD gesetzt haben. Ha-ha! Und wenn du weißt, was ich meine, bist du offiziell *alt*. Nun stell dir einmal vor, *wie alt* du sein wirst, wenn dein Kind ein Teenager ist.[42]

---

[41] Hank Hill to Bobby in: *King of the Hill*, Pilot SE1E1, 02'42''.

[42] Außer natürlich, du gehörst der Analphabetenkaste an und bist mit dreizehn Vater geworden. In diesem Fall musst du dir hierum wirklich keine Sorgen machen ...

Da sollte man dich eigentlich auf einem Schaukelstuhl hinter den Ofen schieben und dort vergessen. ... eine eigentlich gar nicht so üble Vorstellung.

8. **»Dieses Meme wird vom aktuellen Humor nicht unterstützt«**
Ein Kind wird deine Referenzen und Lieblingsmemes nicht verstehen und vice versa. Davon abgesehen, dass es Memes vielleicht eines Tages ... nicht mehr geben wird! *[Donnern, Blitz, ab.]*
Bei deinem Partner war es schon nur schwer zu akzeptieren, wegen des Sex anfangs jedoch aushaltbar, dass deine Anspielungen im Unterschied zu deinem Samen nicht auf fruchtbaren Boden fielen. Wenn dein Kind aber niemals fragt: »Boo oder Boo-urns?«,[43] und statt aus der ersten Staffel *SpongeBob Schwammkopf* zu rezitieren, bloß das Einmaleins herbetet und nicht über Dank Memes lacht – das könntest du niemals ertragen. *[Nimmt Kissen und presst es auf Gesicht des Kindes, ab. Omegalihl2]*

9. **Sein Haar ist voll, während deines ausfällt**
Stell dir die Schmach vor zu welken, während dein Kind neben dir aufblüht – als Bild dafür, wie es dir nicht nur die Kraft, sondern auch das Geld aus der Tasche zieht.

10. **Ihr tragt dieselben Klamotten**
Nicht genug, dass deine modischen Jugendsünden jener lästerlich-ausgelassenen Zeiten in Pixel gebannt sind – dein Kind wird sie dir vorführen. Am eigenen Leib, dargeboten von deinem Mini-Me. Und immer und immer wieder wirst du dir denken: So wie ich war, bist du, so

---

43 Nachts um drei – Oh Junge, drei Uhr morgens.

wie ich bin, wirst du sein. Immerhin ist das ein wenig befriedigend, denn gleich, wie es sich freut – es ist als Nächstes an der Reihe. Hahahaha-haa!

11. **Du rettest es immer wieder sturzbetrunken aus irgendeinem Schlamassel**
Um das klarzustellen: Das Kind ist betrunken, nicht du. Obwohl? Gönn dir! Nicht dass ich aus Erfahrung sagen kann, dass es passieren wird, aber stell dich besser darauf ein, ein Taxiunternehmen zu sein, samt aller Nach- und ohne jeglichen Vorteil. Und besorge dir ein Auto, dessen Innenraum man leicht reinigen kann. :-)

12. **Kidnapper erpressen dich**
Wenn wir schon von »Schlamassel« reden, lass uns zur Sicherheit vom Schlimmsten ausgehen. Die wirtschaftliche Situation wird zunehmend prekär, Digitalisierung rauf, Bildung runter, dazu die offenen Grenzen. Ein Gangster schnappt sich dein Kind und fordert Lösegeld. Der Jurist stellt seine Nutzlosigkeit unter Beweis und fragt: »Zu Recht? Wer will was von wem woraus?« und blättert im BGB, während dir der Fettsack in Uniform längst eingebläut hat, nicht auf die Forderungen einzugehen. Wird wirklich schwer, den Rest deines Lebens mit dem schlechten Gewissen zu leben, dass du die Forderungen besser hättest erfüllen sollen ...

13. **Seine Partner lassen dich verzweifeln**
Du findest dich ständig am Rande des Wahnsinns aufgrund der Partnerwahl deines Kindes. Natürlich denkt man jetzt zuerst an das Klischee des Vaters, der seine Tochter vor jedem beschützen will, der ihr zu nahe kommt, und mit Argusaugen über ihre Jungfräulich-

> keit wacht. Aber auch über den Sohn wird gewacht. Und irgendwie bringt der es tatsächlich fertig, nicht nur ständig andere, sondern auch noch tätowierte und gepiercte Frauen anzuschleppen, die man nur an den Haarfarben unterscheiden kann: Blau, Lila, Grün, Rot, Schwarz und so weiter. Aber auch bloß für jeweils zwei Wochen ... Willkommen in der Borderline-Hölle.

So. Nun habe ich getan, was ich konnte – nun nimmt das Schicksal seinen Lauf und irgendwann wirst du dieses Buch wiederfinden, vielleicht in einem schäbigen Grabbelladen, der in der alten Zeit als »Buchhandlung« bekannt war, auf der Suche nach Vorräten in einer vom Klimawandel versehrten Welt und von Nostalgie ergriffen, öffnest du es mit deinen kraftlosen Fingern, schlägst diese Seite auf und erinnerst dich. Daran, wie du mir geglaubt und die letzten Jahre vor dem Zusammenbruch der Gesellschaft nicht mit Windelwechseln, geworfenem Essen und Tobsuchtsanfällen verbracht hast, sondern es noch einmal so richtig hast krachen lassen.

HOFFENTLICH BALD WIEDER KRIEG

Ich liege in meiner Altbauwohnung und mustere den Stuck an der Decke. Ich taste nach dem Whiskey und die Eiswürfel schlagen von innen gegen den Bleikristalltumbler. Ich bin gelangweilt von der Leere eines ruhigen, geordneten Lebens. Ich habe Jahr und Tag darum gekämpft, den Weg nach oben zu finden, jede Chance genutzt, auf dem Rücken anderer meinen eigenen Vorteil auszuspielen. Ich habe gekratzt, gebissen, gelogen, gebuckelt, angeschwärzt und mich selbst oft genug verraten, um meinen Hals aus der Schlinge zu ziehen, ja nebenbei sogar noch versucht, sie dem einen oder anderen umzuhängen. Und jetzt liege ich hier: in der Vorhölle. Im Limbus. Dort, wo Leute eben hinkommen, die ihre eigene Existenz darauf ausrichten, einen gewissen Status zu erreichen, um schließlich festzustellen, dass es einem damit geht wie einer Pflanze in einem Topf auf einem Regal. Alles wirkt spannend und grenzenlos, bis die Wurzeln keinen Platz mehr finden und man für jedes neue Blatt ein altes abstoßen muss. Kurzum: Stillstand. Und Stillstand ist Tod. Dir ist als Leser vielleicht schon aufgefallen, dass dies das Motto meines Lebens ist. Diese Situation aber, die ich hier gerade zum Besten gebe, illustriert das Dilemma. Hoffe ich. Wir streben alle nach Dingen, die wir eigentlich und im besten Falle nicht bekommen sollten. Irgendwann, wenn man zu viel davon hat, wird alles kacke. Bestes Beispiel – ist dir auch gerade durch den Kopf geschossen, ich kenn dich ja nun schon ein paar Seiten lang – Alkohol. Wie der, der da so schön in meinem Glas schwappt. Ich checke kurz meine Optionen: Ich könnte mir auf Tinder ein unbedarftes Mädel suchen, das ich benutzen kann, um mein Ego mal wieder so richtig zu pushen. Oder ich drehe eine Runde mit meinem Porsche. Oder ich gehe auf eine Demo für das Klima. Oder auf eine Demo gegen Klima. Und überhaupt, das Klima wird ja auch immer rauer und wer weiß, ob es nicht bald einen neuen Krieg geben wird. Das wäre eigentlich gar nicht so schlecht.[44] So ein Krieg hat ein paar nette Nebenwirkungen, und weil ich gerade auf meinem Rinderfell vor meiner Globusbar liege und mein Lieblingsölgemälde betrachte (glaubt mir, bei mir sieht es wirklich so aus) und sonst nichts Sinnvolles mit mir anzufangen weiß, zähle ich die Vorteile einfach mal kurz auf:

Dein dummer Nachbar respektive Kollege respektive Kommilitone geht vermutlich drauf. Und weil wir in modernen Zeiten leben, gilt das auch für die Nachbarinnen, Kolleginnen und Kommilitoninnen. Jetzt, wo ich so darüber nachdenke, wünscht man eigentlich ziemlich vielen Menschen den Tod. Wobei das streng genommen nicht richtig ist – man wünscht sie sich nur inexistent, so tot also, dass sie nicht verrecken müssen, sondern als ob sie gar nicht erst auf die Welt gekommen wären..

Der Wohnungsmarkt entspannt sich. Mit der Zunahme der Gefallenen sinkt der Mietspiegel. Größere Wohnungen, man wagt es kaum auszusprechen, vielleicht sogar Lofts, wie in der guten Zeit, werden wieder für uns Sterbliche erschwing-

---

[44] Sorry, Opa und Typ, den Opa erschossen hat.

lich. Man könnte selbst wieder in der Innenstadt leben. Kühn, ich weiß, doch weiter noch!

Es gibt wieder Parkplätze. Überall, in Hülle und Fülle! Keine Panik mehr, dass man eingepfercht zwischen dem hustenden und nach Bier stinkenden sozialen Bodensatz mit dem Bus in die Stadt pendeln muss, weil Jeremy Pascals und Dakota-Aurora Hiltruds Eltern alle Gehwege mit ihren Cayennes und Macans blockieren und daher die in der Gründerzeit für Kutschen gepflasterten Gassen rutschig sind von den Schweißperlen purer Verzweiflung. Keine Panikattacken wegen rücksichtsloser Risikorennradler, die die Straße zu ihrem Jagdrevier erklären und selbstgefällig die Okkupation gegen alle Vernunft mit Gewalt durchdrücken.[45] Man fragt sich, wo sie das Selbstbewusstsein hernehmen. Aber ich vermute, die wenigsten haben gesehen, wie ein Rennrad samt Fahrer aussieht, wenn ein- oder zweimal überrollt.

Es gibt genug Frauen für alle. Ja, sogar für Immigranten. Meine Güte, wie gut es unseren Rassisten hierzulande ginge – obwohl sie diejenigen sein sollten, die sich für völkische Ideale an der Front als Erste verheizen lassen müssten. Wir müssten Männer importieren, um Nachkommenschaft für die Zukunft produzieren zu können! Das ist bemerkenswert, denn in den Genuss des bisher den Reichen vorbehaltenen Privilegs, mangels Attraktivität, Charme, und Fame junge schöne Frauen zu bekommen, kämen nun alle. Du kannst dann noch so penetrant aus der Achsel riechen oder lockige, fingerdicke Nasenhaare zur Schau tragen: Du wirst nicht alleine sterben. Das gilt auch für Frauen – seist du noch so belesen und intelligent, eigenständig und stark: Für dich findet sich ein Kerl.

---

[45] Argumente gegen Autofahrer vice versa.

Für den Genpool freilich eine traurige Zeit, aber vielleicht überleben ja auch ein paar kerngesunde Alphamännchen und nur die blasse, uninteressante Mitte wird ausgedünnt. Würde ja eh nicht auffallen. Überleg doch mal: Du sitzt auf einen Kaffee am Marktplatz, beobachtest Menschen, und wer fällt dir auf? Die Frau, auf deren Stammbaumes Ästen unter Cousins und den immer gleichen Familien desselben Dorfes auch mal ein Pferd hockt an der Hand eines Typen, dessen Kopf aus einer antiken Skulptur herausgebrochen und auf den Körper eines romantischen Heldenbildes gesetzt wurde. Was für ein Fleischsalat uns da erwartete ... Jetzt wird sich hier der eine oder andere Schlaumeier melden, den Arm in die Höhe recken und ich werde ihn durch mein gerötetes Auge (das andere ist aus Glas) anstarren und mit Argwohn mustern, bis er schließlich fragt: »Nur weil man reich ist, heißt das ja nicht, dass man eine glückliche Beziehung führt mit einer Frau, die es auf das Vermögen abgesehen hat ...?« Darauf ich: »Warum zur Hölle unterbrichst du meinen Gedankengang? Es ist nicht gesagt, dass du den Krieg überleben würdest. Das heißt, dass du dir darüber gar keine Gedanken machen musst. Setzen.« Natürlich kann man als reicher, privilegierter Mensch einsam sterben oder Partner finden, die es nur auf Geld abgesehen haben. Tatsächlich ist das aber wahrscheinlicher, je bekannter man ist – denn nicht Reichtum macht einsam, sondern Prominenz. Wenn man sich ohne funkelnde Statussymbole in eine ganz normale Situation mit ganz normalen Leuten begibt – wieso sollte man da nicht jemanden finden, der es ernst mit einem meint? Überhaupt bin ich kein Beziehungsberater für privilegierte Arschlöcher! Schluss, aus – ich bleibe bei meiner Aussage. Wir gehen weiter zum nächsten Vorteil.

Man kann plündern. Einfach mal das nehmen, wovon man überzeugt ist, dass es einem zusteht. Im Grunde ist doch all das, was wir in unserem Leben erreichen können, nicht viel mehr als eitler Tand und belastender Überfluss. Umso besser, wenn man seine wertvolle Zeit nicht in der Fabrik vergeuden muss, um ihn sich zu verdienen! Für viele Menschen ist Konsum um des Konsums willen ein Zeitvertreib, für manche eine Lebensaufgabe. Wie traurig, wo man doch viel einfacher noch schönere Glücksgefühle erzeugen kann. Wie groß wäre beispielsweise die Freude, wenn man sich noch eine Sprosse höher auf der zivilisatorischen Leiter schwänge und sich die Dinge nicht nur aneignete, sondern einfach alles zerstörte? Weg mit all dem Plunder! Macht euch frei von eurer Gier. Macht kaputt, was euch kaputt macht, gerade auch, wenn es euch nicht gehört! Niemand weiß, wie befreiend es wirklich ist, ein Regal in einem Porzellangeschäft umzuwerfen, ehe er es wirklich einmal getan hat. Entweder ist er dann von seinem Geld befreit oder von allen Zwängen, denen er sich bis dato unterworfen fühlte. Du glaubst mir nicht? Dann probier es doch einfach mal im Kleinen aus. Wenn du morgen zur Arbeit gehst, haust du einfach mal dem ersten Menschen, dem du über den Weg läufst, die Kaffeetasse aus der Hand. Die Emotionen, die das hervorrufen wird, werden in keinem Verhältnis zum eigentlichen Wert der Tasse stehen! Cheers.

Man kann sich endlich einmal richtig austoben. Heute ist ja im Grunde alles verboten, ja sogar die Sprache ist so stark in Grenzen verpackt, dass nicht die kleinste Mikroaggression aufkommt. Nicht dass sich jemand noch verletzt fühlt, wenn eine fremde Meinung das Innenohr passiert. Dabei bin ich der Meinung, dass eine Axt weit verletzender ist. Aber das kann ich freilich nicht aus Erfahrung sagen. Wenn ich auch so aussehe, wurde ich bisher nur Opfer von Mikro-, nicht Makroagressionen. Vielleicht würden wir uns alle auch weniger durch Worte verletzt fühlen, wenn wir uns gegenseitig mal wieder ein paar Gliedmaßen amputierten? Wie schlimm kann ein »Du bist fett und hässlich« schon sein, wenn man gerade durch Artilleriefeuer gelaufen ist? Dem Establishment mal so richtig zeigen, wo's langgeht – Panzer unterm Hintern, eine glückliche Chance! Einfach mal die Produktionsmittel für den guten alten Karl[46] aus dem Spiel nehmen. Oder vielleicht doch ein paar Kindheitswünsche erfüllen? Sprengmeister und ganz ohne Handwerkskammer und Meisterprüfung mit ein paar gewählt platzierten Kilo C4 für unverbaute Aussicht sorgen. Seltsam? Hand aufs Herz: Es gibt immer ein paar Gebäude, die einfach nicht ins Stadtbild gehören oder unangenehm viel Schatten werfen. Überdimensionierte Zwillingstürme beispielsweise. Zack, weg.

Ein Karriereschub ist wahrscheinlich – wen wollen sie auch sonst einstellen? Auch wenn du unfähig, ungebildet, grenzdebil und mit drei linken Daumen ausgestattet bist, wird der Krieg dir erlauben, ein beinahe menschliches Leben zu führen. Auch du wirst nämlich in den – wenn auch zweifelhaften – Genuss eines Jobs kommen. Ist das nicht total toll? Wie? Du hast bereits einen Job? Ich kann dich beruhigen. Du musst nicht alle freien Stellen übernehmen, aber wie wär's denn zur Abwechslung mit einem Beruf, der besser ist als deiner? Statt offizieller Boxsack des Chefs zu sein, könntest du zu seinem Fußabtreter aufsteigen. Den Karrierechancen sind keine Grenzen gesetzt. Du brauchst nur zu überleben. Wenn du das schaffst, brauchst du dich um nichts mehr zu kümmern. Und wenn nicht, dann muss es dich auch nicht mehr kümmern.

---

[46] Marx, du Prolet!

Endlich wäre mal wieder was los. Geht es dir nicht auch so wie mir? Alle zwei Jahre gibt es irgendein Fußballgroßereignis, bei dem die Menschen sich beflaggen, mit Wink- und Schwenkelementen behangen durch die Innenstädte marschieren, Kriegsgesänge skandieren und für den Sieg ihres Landes kämpfen. Gute Vorbereitung auf das Kriegsgeschehen. Aber das reicht uns nicht, oder? Wir verbringen einen Großteil unserer Lebenszeit damit, uns zu langweilen. Ob nun im Job, in unserer Beziehung, beim Schreiben eines Bestsellers ...

Du siehst, alles spricht für den Krieg. In diesem Sinne: Ándale, ándale, lasst mal ein bisschen die Diplomatie ruhen, die führt offensichtlich eh nirgends hin. Kommt aus dem Knick und auf zu den Waffen.

SOCIAL MEDIA & SOZIALES GEDANKENEXPERIMENT

In der Nähe von Manchester wurde im Zuge der Coronakrise ein See schwarz gefärbt. Jetzt die Quizfrage: Warum waren die Behörden so schwarzmalerisch? Sollte er a) im Dunkeln nicht mehr zu sehen sein, b) durch die Erhöhung des Albedowerts eine Erwärmung der Umgebung verursachen, um das Virus einzudämmen oder sollte er c) für Influencer an Attraktivität verlieren, da sich diese, um für Social Media Südseeflair zu faken, aufgrund seines blauen Wassers an seinen Ufern in Scharen zusammenrotteten?

Ich versuche, mir Folgendes vorzustellen. Stoned und gelangweilt sitzt Dwayne in Rochdale/Greater Manchester und versucht nunmehr seit drei Stunden, seine Bauchmuskeln zu fotografieren, bis ihn schließlich Jaiden anruft, um ihn in seinem perlmuttlackierten 99er Vauxhall Corsa auf eine Spritztour zum See nach Buxton mitzunehmen, um #richkids #goodlife am Strand halbnackt zu posen. Dort angekommen, staunen unsere beiden Chavs nicht schlecht, denn vor lauter blondierten Mädels in High-Waist-Jeans, Crop Tops und weißen Adidas ist der See überhaupt nicht zu sehen. Trotzdem schießen sie ein Foto, behaupten, die Mädels im Hintergrund seien ihre Hoes, und fahren zurück zu Jaiden, wo sie die Bilder derart verfremden, dass es wirklich beinahe so aussieht, als wären sie an einem exotischen Ort im Urlaub gewesen. Natürlich werden die Farben dabei bis zum Anschlag gesättigt, das Licht aufgegrellt und die Konturen ihrer Körper sicherheitshalber nachgezeichnet. Unter #hardworking wird das Machwerk in der Story geteilt – mitsamt motivierendem Muskelarm- und oft für die Darstellung von Sperma missbrauchtem Schweiß-Emoji. Jedem dort draußen ist klar: Hier arbeiten Profis hart für kompromisslose Ergebnisse, die den Fans zu präsentieren sie sich gnädig herablassen.

Ich nehme an, auch du wirst permanent in den sozialen Medien über die Profile inspirierender Menschen stolpern, deren Leben dir wie eine Ansammlung aus Siegen und Höhepunkten anmutet. Einige von ihnen kenne ich, viele sind depressiv und ich behaupte, die meisten sind sich gar nicht im Klaren, was sie für ein Glück haben und dass sie dieser Status vollkommen zufällig ereilt hat. Unter uns – auf Social Media erfolgreich zu sein, ist zwar harte Arbeit, tatsächlich schaffst du es aber nur mit Glück. Der richtige Zeitpunkt, die richtigen Metriken erfüllen, das ist das Spiel des Lebens. Beispiel: Du postest seit Monaten dein Frühstück auf Instagram – es ist *immer* Haferschleim. Es gibt fast nichts Unattraktiveres, um es in einem Bildbeitrag zu teilen. Obwohl du ziemlich schwer von Begriff bist, ist auch dir nach ein paar Wochen aufgefallen, »Mensch, die einzigen Leute, die meine Bilder von hingerotztem Schleim, der aussieht, als wäre er das traurige Überbleibsel von dem, was die Einbalsamierer im Schädel des Pharaos zurückgelassen haben, interessiert, sind ukrainische Topmodels mit ziemlich vielen Zahlen im Namen und es antworten ständig Leute auf Arabisch oder Senegalesisch.« Also beginnst du, den Schleim hübsch zu dekorieren. Hier mal eine Kirsche, da mal ein anderes gesund und frisch wirkendes Stück Garnitur. Was du nicht weißt:

Die Lebensmittelindustrie ist in diesem Moment auf dem Weg, einen neuen Trend zu setten, nämlich *Porridge*. Kein Scheiß, Haferschleim ist gerade Trend, das denke ich mir nicht einmal aus.[47] Und während irgendwelche Milliardäre massiv Geld investieren, um den Leuten Haferschleim wieder schmackhaft zu machen, das nämliche Gericht, das ca. 102 Prozent des Speiseplans der ärmsten Teufel im Europa der letzten tausend Jahre ausgemacht hat, eine Pampe, für deren Verzehr man im Grunde Schmerzensgeld verlangen könnte, bist du schon am Produkt dran. Plötzlich ziehen deine Beiträge Scharen von Menschen an. Du beginnst, Tutorials zu drehen, wie man den perfekten Haferschleim anrührt oder die Konsistenz der Pampe verändert ... ich hab keine Ahnung, was man mit Haferschleim noch so anstellen kann. Bilder malen, Schönheitskuren für Mittfünfziger, Wärmekissenfüllungen, Haferschleimschnaps, Haferschleim Energy, Haferschleim Lemon alkoholfrei, Instanthaferschleim. Name it! Du wirst das Brandt-Zwieback-*und*-Kinderschokolade-Kind der Haferschleimindustrie. Du bist das Haferschleimgesicht – köstlich! Oder ekelerregend, je nachdem, ob man nun für oder gegen Schleim ist. Die Debatte wird immer hitziger, angestachelt von Artikeln, welche die beinah universelle Anwendbarkeit von Haferschleim preisen. Verdichtet lässt sich daraus ein Material für den Karosseriebau entwickeln, ähnlich dem Verbundmaterial des gar nicht so rückschrittlichen Sachsenring-Trabanten. Langsam aber formiert sich die »Antiha«, eine Antihaferschleimfraktion. Sie wittert, dass hinter dem plötzlichen Aufstieg des Haferschleims Lobbyisten stecken. Haferschleim soll ihren Erkenntnissen nach bei Kindern zu Autismus führen. Außerdem ermögliche Haferschleim der Regierung, unbemerkt winzige Abhör- und

[47] Tut er wirklich nicht, wir haben es recherchiert [Anm. d. Verlags].

Vitalfunktionsscanner in den menschlichen Körper einzubringen. Eva Herrmann bringt eine Sondersendung über die Verstrickungen des Haferschleims in das Attentat auf John F. Kennedy, der die landesweite Haferschleimverbreitung verhindert habe und deshalb sterben musste – umsonst, da Nixon Haferschleim nicht als Bestandteil der MREs für die Truppen in Vietnam etablieren konnte. Unterdessen erklärt die Bundesregierung Haferschleim für alternativlos. Haferschleim gehöre zu Deutschland, was sich auch und vor allem geschichtlich belegen ließe. Die Antihaferschleimliga kritisiert die Auswahl der Geschichtsbücher für den Schulunterricht als vom Staat diktiert, Wildbret und Brot würden ungebührend selten erwähnt. Immer nur Haferschleim. Neuesten Studien zufolge habe schon Luther Haferschleim gegessen. Die Produktpalette erweitert sich um »Lutherschleim«. Ein Aufschrei geht durchs Land, man dürfe keine Produkte unterstützen, die antisemitischen Ursprungs sind. Während Philosophen ungehört Antisemitismusdebatte von Haferschleim abzukoppeln versuchen, beanspruchen konservative Moslems den Haferschleim für sich. Philosophen weisen ungehört auf versöhnliche Gemeinsamkeit der Völker im Haferschleim hin. Plötzlich wendet sich das Blatt für den Haferschleim! Antiautoritäre, antikapitalistische junge Menschen, bisher aufgrund der Produzierbarkeit im heimischen Garten größte Verfechter, distanzieren sich nun vom Haferschleim. Man solle das Produkt (ver)tilgen, Boykottaufrufe werden laut. Jäh erkennt die bisherige Antihaferschleimliga, dass Haferschleim zum Kulturerbe gehört und er nicht zum Vorteil von Fremdfrühstücksprodukten wie Pancakes verdrängt werden dürfe. Keine Experimente am deutschen Frühstück! Keine Überfremdung des deutschen Volkskörpers, in diesem Fall vor allem des Volksmagens! Schluss mit der Amerikanisierung des Abendlandes. Und hört bloß mit Hummus auf, wir haben unsere eigene Pampe – danke! Außerdem ist Haferschleim ökologisch und nachhaltig. Gesund für Körper, Seele und Geist. Flink wie Windhunde, zäh wie Leder und breiig wie Haferschleim. Bei Landtagswahlen erreicht die neue Partei »Prost Mahlzeit Deutschland« Spitzenwerte. Du wirst zu ihrem prominenten Fürsprecher, denn sie bieten dir die Kanzlerschaft an. Eure politischen Gegner fordern die vollständige Verzehrfreiheit. Doch die unüberschaubare Lebensmittelpalette überfordert die Menschen zusehends. Food-Trucks ziehen wild durch die Lande und ängstigen die Bevölkerung. Statt urdeutscher Kräppelchen finden sich obszöne Churros. Wütende weiße Männer haben endgültig die Schnauze voll davon, dass sich ihre Frauen weiterhin lange, heiße und prall-triefende Churros einführen. »Angst gegen den guten Geschmack«, lautet die Schicksalswahl. Das Ergebnis ist denkbar knapp. In den Städten hat man keine Angst vor exotischem Essen, dort kennt und schätzt man es. Auf dem Land aber gibt es das immergleiche Haferschleimrezept und nichts weiter. Angesichts der Fusionsküche will man sein Essen doch rein halten. Du bekleidest das Kanzleramt, während allen der Appetit vergeht ...

In diesem realistischen Szenario umreiße ich deine Chancen auf Ruhm und Macht durch dein Haferschleimgesicht. Im Grunde kann man nichts tun als dem Glück ein wenig auf die Sprünge zu helfen. Wer nichts tut, wird vermutlich niemals vom Zufall erwählt, etwas Besonderes zu erleben oder zu werden. Regierungschef zum Beispiel, der oder die ihre Macht auf der Angst des Volkes vor Überfremdung aufbaut. Ach, Moment mal ...

DAS GEHEIMNIS EINER LANGEN BEZIEHUNG

Ich habe ein Talent. Irgendwie gelingt es mir, nach jeder Beziehung verbrannte Erde zu hinterlassen. Ist ja so was wie eine deutsche Spezialität. Natürlich möchte mich niemand gehen lassen, aber wie soll man den wilden Strom bändigen, der durch das Leben schießt und alles und jeden mit sich reißt? Eine ungezähmte Naturgewalt – unaufhaltsam und unbegreiflich. Oder doch eher ein Feuersturm, wenn ich in der Metapher bleiben will, schließlich ist die Erde ja verbrannt und nicht aufgeweicht. Details! Als würden solche Kleinigkeiten eine Rolle spielen. Es ist wichtig, dass ihr euch im Alltag niemals mit den Kinkerlitzchen aufhaltet. Das große Ganze! Wäre Trump so weit gekommen, wenn er Einzel-[48] und Kleinigkeiten zur Kenntnis genommen hätte? Oder sich um Zusammenhänge und Hintergründe kümmern würde? Nein! Es geht *nur* ums große Ganze, das führt zum Erfolg.

Das Leben überrascht uns immer wieder. Meistens negativ. Deswegen lieben wir es ja so sehr, richtig? Genauso sollte man auch eine Beziehung handhaben: Du lässt die Zeit vergehen, beschwerst dich ständig darüber, und wenn du keine

---

[48] Sic! Hier entsteht Sprachwandel. *bizepsemoji*

Lust mehr hast, beendest du sie einfach. So läuft's, das lehrt das Leben. Sollte es was Langfristiges sein, sorg dafür, dass du dich nicht reinsteigerst. Wer zu sehr an Dingen hängt, der wird am Ende des Tages nur aufdringlich und anstrengend. Steuererklärungen sind anstrengend – eine Beziehung sollte es nicht sein![49] Am besten ist immer, wenn dir die Beziehung schlicht und ergreifend egal ist. Dann gerätst du am Ende auch nicht in die Verlegenheit, dass dich eine Trennung allzu sehr mitnimmt. Denn wer soll wieder das ganze Heroin bezahlen, wenn man es mal wieder nicht absetzen kann!? Wer grundlegend mit dem Schlimmsten rechnet, wird nicht enttäuscht. Das ist empfehlenswert, insbesondere wenn die Beziehung nicht mehr frisch wie der funkelnde Strahl kristallklaren Wassers ist, der aus dem Born mystischer Waldquellen springt. Willst du, dass deine Beziehung lange hält, musst du an dir arbeiten und eine Therapie machen. Ha! Reingefallen, du Narr! Du musst die Beziehung kontrolliert herunterkühlen, so wie einen Reaktor. Aber bitte nicht wie einen 1970er RBMK-1000.[50]

Ich meine: Ein Flammenschwert ist schon eine beeindruckende Waffe und du wirst damit ganz sicher Eindruck machen. Nach außen hin macht sich das gut, wie ihr beide dasteht und brennt, doch dummerweise kann man das Heft nur für begrenzte Zeit in Händen halten, bevor die Haut erst schmilzt und dann verkohlt. Kaum hat man sich die Finger verbrannt, wirft man es laut schreiend und schmerzgepeinigt von sich. Das war's dann. Auch andere, nichtbrennende Waffen können Metaphern für eine Beziehung sein – Nunchakus beispielsweise. Sie sehen cool aus, sind

---

[49] Eine Steuererklärung zwar auch nicht, aber das gehört nicht hierher.
[50] Sonst hallo Tschernobyl.

aber nutzlos und man verletzt sich am Ende nur selbst. Von wegen »Love is a Shield« – love is a Panzerfaust! Once you fired it up, you need another rocket to fill your hole. Kann man übrigens alles mit allem vergleichen. Damit ist Kollegah ja erfolgreich geworden. Tatsächlich ist das kein Hexenwerk, sondern abhängig von der Abstraktionsfähigkeit. Was angesichts der Zielgruppe überrascht … Liebe ist wie eine Grippeschutzimpfung. Sie geht unter die Haut, lässt das Fieber in dir ansteigen und macht dich für eine Weilen glauben, nichts könne dir etwas anhaben.

Liebe ist auch wie ein Backstein. Man kann sie nutzen, um etwas Prachtvolles und Langlebiges zu bauen, aber den meisten Leute fällt dazu nichts Besseres ein, als ihn zu werfen. Und unerwartet getroffen, trifft es dich am härtesten.

Eine Beziehung ist wie ein Klodeckel: manchmal offen. Liebe ist auch wie der Erste Weltkrieg. Alle wollen, keiner weiß, wer angefangen hat, und wenn es vorbei ist, geht es allen schlechter als vorher und die nächste Liebe lässt nur einige harte Jahre lang auf sich warten.

Liebe ist auch wie ein Wikingerüberfall. Selbst wenn du in einem Kloster lebst, bist du nicht sicher, langhaarige und bärtige Männer treffen dich direkt ins Herz, und wenn du Glück hast, darfst du auf einem Boot mitfahren. Okay, gut, der war einfach. Machen wir's noch ein bisschen schwieriger. Eine Beziehung ist auch wie eine Mumie. Wenn man Hirn, Augen und Zunge entfernt, kann das halten, ist aber irgendwann staubtrocken. Eine Beziehung ist auch wie einer dieser E-Roller, die überall in der Stadt rumstehen. Man sieht sie überall, damit zu fahren macht Spaß, aber wenn man fertig ist, kostet es Geld und danach fährt einfach ein anderer damit. Liebe ist wie ein Rollator. Am Ende brauchen wir sie doch alle. Liebe ist wie der Auswurf einer Katze. Man fragt sich, wie bei etwas so Süßem von Zeit zu Zeit etwas so Geschmackloses rauskommen kann. Eine Beziehung ist wie ein Cupcake. Sie macht dick. Liebe ist wie eine Fallgrube des Vietcong. Tappt man rein, ist man für seine Freunde plötzlich unsichtbar.

Liebe ist wie ein Dildo. Man sollte damit keine anderen Leute belästigen.

Liebe ist wie ein Gucci-Shirt. Allgegenwärtig, aber selten echt. Liebe ist wie ein Brunnen. Manchmal fällt ein gruseliges Mädchen rein. Liebe ist wie die Macht des britischen Empire im neunzehnten Jahrhundert. Bald verschwunden. Was haben Gott und die Liebe gemeinsam? Viele glauben daran, und wer behauptet, sie gesehen zu haben, ist verrückt. So kann man das Spiel geradezu unendlich fortsetzen. Aber am wichtigsten ist doch: »Die Beziehung« ist ein *achievement*, das, einmal unlocked und in den Trophäenschrank gestellt, mit der Zeit verstaubt. Daher möchte ich nun den literarischen Flederwisch für Liebesangelegenheiten spielen und dir einen kleinen Leitfaden an die Hand geben, wie du es schaffst, dich im Verlauf dieser Zweckgemeinschaft nicht hassen zu lernen.

Schließlich steht eine Partnerschaft von allen Seiten her unter Beschuss – nächtliche Darmwinde, morgendliche Badroutine, Wahl des nächsten Urlaubsortes, ja bereits die Wahl des nächsten Lieferdienstes. Ich kann ein Liedchen davon shouten, denn die Wahl des zukünftigen Abendessens ist für mich einer der wichtigsten und zugleich anstrengendsten Prozesse des Tages. Doch nicht nur das – auch noch banalere Dinge wie die Frage, ob die Schuhe zum Outfit der oder des anderen passen, ob ich wirklich am satanischen Ritual heute Abend teilnehme, wie ich unauffällig eine Leiche entsorge, wie viel Schutzgeld der neue Club in der Kneipenstraße zahlen oder wie wir unser erstes Kind nennen sollen, können eine Beziehung vor die Zerreißprobe stellen. Und wenn die Beziehung durch tägliche kleine Enttäuschungen bombardiert wird, als würde eine Batterie Katjuschas auf das brennende Berlin einer gemeinsamen Zukunft feuern, muss man nur noch abwarten, bis die Liebe in ihrem Führerbunker Selbstmord begeht. Um zu verhindern, dass es so weit und zu noch geschmackloseren Vergleichen kommt, reicht es nicht, einfach nur die Lufthoheit über die eigene Beziehung zu behalten und ein Bombardement zu unterbinden. Nein, man muss obendrein verhindern, dass es zu einem russischen Winter der Liebe kommt oder man mit Stalingrad die falsche Frontlinie wählt. Will sagen: Die Gründe für die gemeinsame Niederlage gehen tiefer und reichen weiter zurück. In dem Moment, in dem du erkennst, dass die Bismarck doch versenkt werden kann, so robust sie auch wirken mag, ist das Unheil längst geschehen und kann nicht mehr verhindert werden, ein Treffer an der richtigen Stelle schießt selbst sie manövrierunfähig.

Ich gebe dir also folgenden Tipp, um die Liebe, mit der du in die neue Zeit marschiertest, am Leben zu erhalten: Lass *immer* die Diplomatie siegen, wie expansiv deine Pläne auch sein mögen. Wenn du einen egoistischen Vernichtungskrieg führst, um am Ende deine Position zu verbessern, dann bleibt dir nur verbrannte Erde. Wie ich oben sagte, hier schließt sich der Kreis. Wie der Rest der Welt um Deutschland im Vielfrontenkrieg. Und nach dem Enden eines verheerenden Kampfes muss man die Trümmer beseitigen, um sich etwas Neues aufbauen zu können. Meistens ist das Ergebnis eben eher deprimierender Plattenbau als Gründerzeitvilla.

Okay, ich denke, es wurde deutlich, was ich ausdrücken wollte. Erinnere dich an die weisen Worte Till Lindemanns, der da sagte: »Sex ist eine Schlacht, Liebe ist Krieg.« Heftige Grabenkämpfe kommen vor und manchmal fühlt es sich so an, als würdest du bis zu den Knien in Morast, aufgedunsenen Leichen und Exkrementen mit dem Gegn... ähm, *Partner* ringen, wer dem anderen nun die Schaufel zwischen die Hirnhälften rammt. Am Ende jedoch sitzen diejenigen, welche die Entscheidungen treffen, immer in eleganten Salons und stoßen auf Krieg und Frieden an. Den Zustand, nicht das Buch! Und solange man sich vor Spionen und Attentätern schützt, die in die Salons eintreten, spricht nichts dagegen, ein wenig Krieg zu führen. Habt euch lieb. *Los!* Das ist ein *Befehl!*

SCHLUSS MACHEN MIT ERFOLG

Eine Beziehung zu beenden, ist gar nicht so einfach – also nicht nur, weil man die Gefühle des Gegenübers verletzt ... als ob es in diesem Buch um Gefühle ginge! Nein, vielmehr muss man verhindern, dass man im Schlaf erdolcht, das Fahrzeug gesprengt oder der eigene Name auf das Level einer frühmittelalterlichen Hautkrankheit herabgewürdigt wird. Mein Rat: Halt dich aus allem heraus, das dich verwirrt und Dummes tun lässt. Wenn man sich verliebt, passiert bekanntermaßen beides. Möchte man lebendig aus der Bredouille herauskommen, sollte man sich etwas derart Kreatives einfallen lassen, dass es die verlassene Person perplex zurücklässt, so wie man ein Pokémon in einem aussichtslosen Kampf verwirrt, damit die Flucht gelingt. Du als Käufer dieses Buchs hast dich entschieden, Faulheit und mangelnde Kreativität zu akzeptieren und dich voll und ganz auf meine Ideen und Vorschläge einzulassen – du gibst mir die Kontrolle über dein Leben, erlaubst mir, dein Schicksal zu bestimmen. Du Trottel. Achtung, wählen Sie aus einer von fünf Möglichkeiten!

1. **Täusch deinen Tod vor**
   Mein Problem war immer, dass ich ungern einen schlechten Eindruck hinterlasse. Ich würde gern als positive und nette Person in Erinnerung bleiben ... warum lachst du denn jetzt!? Hör auf damit!

Verlässt man eine Person, ist es unwahrscheinlich, unbeschadet aus der Nummer rauszukommen. Insbesondere wenn sich die Gefühle der anderen Partei nicht so rasch abkühlen wie es die deinigen bereits haben. Verschwände man nun aus dem Leben aller anstatt bloß aus dem Leben des Ex-Partners, würden sich alle nur an die besten Episoden des gemeinsamen Lebens erinnern. Um das Andenken an den oder die Verblichene zu bewahren, würde großzügig über alles Negative hinweggesehen, und man erwiese dem Verstorbenen die letzte Ehre. Du könntest das alles per Liveübertragung in deiner Hängematte auf Palau genießen und müsstest keine betrunkenen, nächtlichen Anrufe mehr fürchten oder übereifrige neue Partner deiner Ex, die dir »die Scheiße aus dem Leib [zu] prügeln« trachten. Bonuseffekt: Alle anderen bisherigen Probleme spielen plötzlich auch keine Rolle mehr. Keine Schulden, keine unehelichen Kinder, keine Besuche bei der Tante, die du so überhaupt nicht leiden kannst, weil sie schon immer Kettenraucherin ist und riecht, wie einen Aschenbecher auszulecken schmeckt.[51]

2. **Leide plötzlich an Amnesie**
Es gibt einige Filme und auch eine Simpsons-Episode, in denen ein Partner das Gedächtnis verliert – womit sich auch jede emotionale Verbindung in Wohlgefallen auflöst. Im Grunde müsstest du nicht einmal lügen, schließlich ist dir das ja passiert. Nicht weil du deine Erinnerungen verloren hast – im Gegenteil sozusagen. Allerdings beinhaltet dieser Plan auch einen dir zustoßen müssenden Unfall. Vergiss niemals, wie wichtig es ist, Zeugen für diesen Unfall beizubringen. Er muss also in

---

[51] Mmmh, feinste Asche …

der Öffentlichkeit geschehen. Klassisch wählt man hierfür ein Auto, über dessen Motorhaube man möglichst theatralisch fliegen muss. Hier das ideale Maß zu finden, fällt schwer – wegen hinfallen, verstehst du? Entweder wirkt man wie ein Fußballspieler und stürzt bereits in bloßer Erwartung der Berührung, oder man ist am Ende deutlich heftiger verwundet als beabsichtigt. Sollte man dann wirklich seine Erinnerungen verloren haben, hat man sein Ziel ja eigentlich erreicht, oder?

3. **Die Verschwörungstheorie**[52]
   Behaupte, eine geheime Geheimorganisation benötige deine Hilfe, um die Menschheit vor der Vernichtung zu bewahren, und dieser Auftrag sei zu groß und wichtig, als dass du über dein eigenes Schicksal frei verfügen könntest. Am besten bringst du dir zwei große Türsteher in Anzügen mit, die sich daraufhin zwischen dich und deine Partnerin oder deinen Partner zwängen, um mit vorsichtigen, aber bestimmten und unnachgiebigen Griffen die Unbedingtheit dieser Tatsache plastisch zu machen. Niemand wird glauben, was passiert ist, und auch nach dir zu suchen, hat keinen Sinn, schließlich würde eine so mächtige geheime Geheimorganisation natürlich all deine Spuren verwischen.

4. **Der Verschwörungsunsinn**
   Behaupte, du seist eigentlich von einem anderen Planeten und hättest nur auf der Erde Station gemacht, um von den Menschen Liebe zu lernen. Vorteil: Man kann es dir eigentlich nicht übel nehmen, da sich die zu verlassene Person am Ende der Geschichte gar nicht schlecht fühlen *kann.*

---

[52] Verschwörungsmythos heißt es inzwischen!

Schließlich wurde ausgerechnet sie erwählt, die Menschheit in Sachen Liebe zu vertreten. Man soll gehen, wenn's am schönsten ist, und genau das tust du ja im Grunde. Man wird dir noch eine rührende Abschiedszeremonie bereiten. Nur leider wirst du dabei nicht anwesend sein können – sonst erwarten sie möglicherweise von dir, dass du mit einem Raumschiff von dannen ziehst. Und damit kannst du ja leider nicht dienen …

5. **Werd einfach verrückt**[53]
   Wenn niemand mehr von dir erwartet, dass du Herr deiner Sinne bist, kannst du tun und lassen, was du für richtig hältst. Tja – zumindest bis du in der Zwangsjacke steckst. Zugegeben, dieser Tipp birgt das Risiko eines lebenslangen Aufenthalts im Irrenhaus.[54] Aber vielleicht ist das ja immer noch besser, als für immer in der Situation festzustecken, in der du dich jetzt befindest. Positiv denken!

6. **Tritt einer LARP-Gruppe bei**
   In den tiefen Wäldern von Garthmora wird man dich nicht finden. Denn du bist jetzt nicht mehr Klaus, sondern Bobnark, der Barbar. Hugh!

7. **Mach's wie die Pioniere**
   Schließ dich dem nächsten Planwagentreck an und zieh mit ihm gen (Nord-)Westen, um nach Gold zu schürfen. Du hast gehört, oben in Klondike habe jemand Nuggets in einem Fluss gefunden. Das könnte eure Zukunft verändern! Du machst es für euch beide, damit ihr euch ein

[53] Auch als »Syd-Barrett-Methode« bekannt.
[54] Geschützte psychiatrische Anstalt.

gemeinsames Leben aufbauen könnt. Dieses Argument sollte dir sogar den Reiseproviant sichern.

8. **Werd berühmt**
   Wenn du eine hoch angesehene Person des öffentlichen Lebens bist, weltweit bekannt und vergöttert, kann es sein, dass du irgendwann vor den Heerscharen von Fans fliehen musst. Das kann sehr unangenehm werden, glaube mir. Aber du kannst es für dich nutzen. Denn wenn du mal wieder mit deiner Partnerin oder deinem Partner auf dem Weg zu einem Restaurant bist und ein Gewalthaufen – ein übrigens existenter Begriff, der vor allem auf die Formationen der Eidgenossen während ihrer Kriege gegen Habsburg und Burgund im Spätmittelalter verwandt wurde, und zwar in erster Linie ab der Mitte des 15. Jahrhunderts, als sie Pikeniere in ihrem Bauernheer einführten – von Fans und Paparazzi auf dich losgeht, dann ergib dich ihrer Macht und lass dich davontragen. Dein Leben gehört nicht mehr dir – und vor allem kann dich keiner mehr für sich allein beanspruchen!

9. **Geh auf einem Festival Crowdsurfen**
   Falls es jemals wieder zu einem richtigen Festival kommen sollte, dann kann man einer der spaßigsten Sportarten frönen, die sich als Aktivität auf einem Festival anbieten: das Crowdsurfen. Einmal von der Meute über die Köpfe gehoben, hast du keine Kontrolle mehr darüber, wohin man dich trägt. Ob nun zur Bühne, in die nächste Kleingartenanlage oder nach Zentralasien mit falschem Bart und Namen. Stehen zwanzigtausend Menschen zwischen dir und der Person, der du zu entkommen wünschst, kannst du ganz im Stile Robert Crumbs davontrucken.

10. Upgrade auf eine offene Beziehung
Es ist indirekt, es klingt modern, weltgewandt und aufgeschlossen, aber im Grunde ist das Signal deutlich – und der Ausgang klar. Solltest du wider Erwarten nun mehrere Menschen an der Backe haben, siehe Punkte 1 bis 9.

Natürlich könnte man auch schlicht und ergreifend das Gespräch suchen, in dem man ehrlich und erwachsen seine Gefühle – oder vielmehr den Absinth seiner Gefühle – erörtert. Wenn wir alle wirklich in der Lage wären, so zu handeln und danach auch noch mit den Konsequenzen unseres Handelns d'accord zu sein, würden wir doch weder solche Bücher schreiben noch sie ernsthaft für echtes Geld kaufen, oder? Siehste. Und außerdem ist es voll okay, deinen Partner zu belügen. Darf halt nur nicht rauskommen. Denn dann fängt er oder sie sich vielleicht noch so was wie ein psychisches Problem ein. Aber im Grunde ist das ja dann auch nicht mehr dein Problem. Und die eine Schnecke da auf Tinder oder der Boy im Fitti, von denen muss man auch mal gekostet haben, stimmt's?

ÄSTHETIK EINER KNEIPENSCHLÄGEREI

»WAS HAST DU FÜR MICH GESAGT, ALTER? HÄ? HÄ? WAS HAST DU FÜR MICH GESAGT! JUNGE; ALTER; WAS?!«

Ich werde nicht gern geweckt, denn das bedeutet, dass es vor sechs Uhr sein muss, da ich für gewöhnlich nicht später aufstehe, aus Angst, jemand könnte mir mein Frühstück stehlen. Aber dieser männliche Ausruf, von einer Stimme so glatt wie eine Bundesstraße in Brandenburg durch die Häuserschluchten Halles getragen, erweckte in mir – neben meinen Lebensgeistern und Fluchtinstinkten – doch mildes Interesse. Ich schielte aus meinem Bett durch das Fenster und es bot sich mir folgende Szene: Eine Gruppe von Männern, alle mit ähnlicher Frisur, ähnlicher Kleidung, irgendetwas zwischen Camp David, New Yorker und Bench, je nachdem, wie viel Geld sie normalerweise in ihre getunten Dreier-BMWs oder Golfs drei bis fünf versenken, hielt einen weiteren Mann mit allen verfügbaren Armen umschlungen. Dieser, schäumend wie ein Stier, suchte offenbar die körperliche Auseinandersetzung mit einem anderen Mann, den nur wenige Meter entfernt wiederum dessen Freunde zurückhielten. Erst dachte ich, man hätte unten an der Straße einen Spiegel vergessen, so wenig unterschieden sich die Kontrahenten voneinander. Zur zeitlichen Einordnung: Mittwochmorgen gegen fünf

Uhr, normalerweise der Zeitpunkt, an dem mein Traum von einer besseren Welt eine unerwartete Wendung nimmt – etwa weil ich selbige einem von mir errichteten Terrorregime unterwerfe. Stattdessen war ich hellwach und fieberte dem Kampf entgegen, der gleich auf der Straße toben würde. Es brauchte nur den einen Moment, in dem eine Bewegung aus dem Gleichgewicht gerät, den Point of no Return. Während ich sah, wie sich der Angreifer mit aller übermenschlichen und alkoholverdickten Aggression zwischen den fleischigen Armen seiner Begleiter herauswand, zog die gegnerische Gruppe den Konfrontierten in die andere Richtung zurück. Bei genauerem Hinsehen wurde klar, dass dieser mit dem »Was hast du für mich gesagt« adressierte Herr einem Kampf doch keineswegs so euphorisch entgegenstürzte wie der Bolide auf der anderen Seite. Putzig, wie er sich scheinbar gegen die Kraft seiner Begleiter wehrte, aber nur gerade so doll, dass er nicht anstandslos weggezogen werden konnte, mit leicht gerecktem Kinn, die Nase nach oben, schielte er unter einer Basecap hervor und leicht durch seinen Gegner hindurch. Dieser wiederum sah scheinbar gar nichts mehr – wenn, dann nur Rot. Und da geschah es! Der Point of no Return – er brach aus dem freundschaftlichen Wurzelwerk, das ihn im Hier und vor allem in der Straffreiheit hielt. Bullet time! Wie in Zeitlupe stürzte der bis zur letzten Faser gespannte Körper nach vorn, wie von einer Schleuder katapultiert machte er einen Satz, die Fäuste flogen unkoordiniert durch die Luft. Ein rechter Schwinger ging in die kühle Morgenluft, ganze zwei Meter neben das Gesicht des Feindes, mit der eher wenig überzeugend geballten Linken tauchte der noch im Rechtsschwung Begriffene unter der eigenen Hand hindurch und für einen Moment schien sich der Opponent hier und jetzt selbst zu verknoten, was die Physik bedauerlicherweise verhinderte, und er geriet bloß ins Trudeln wie ein Tänzer, der sich ein wenig zu leidenschaftlich in die Musik vertieft hatte. Nun trennte noch eine Armlänge die beiden Männer voneinander und in den weit aufgerissenen, rot umrandeten Augen des Taumelnden glomm nichts mehr als der stumpfe Abglanz seiner brutalen Mission. Jeder Funke Menschlichkeit und Gnade war in brodelnden Mooren von lang kultiviertem Hass, Ängsten, Schuldgefühlen und Minderwertigkeitskomplexen erstickt. Nur verkümmerte Halme der Erinnerung an Erfreuliches staken daraus hervor, die etwas Lebendiges in diese Schlammwüste hätten tragen können – doch gediehen sie auf toxischem Boden. Alkoholschwangerer Odem wabert über dem erzitternden Sumpf, manifestiert sich körperlich über den toten Gefilden. Nun schlägt gärende Gischt empor und giftige Galle spritzt in alle Richtungen; schäumend tritt die aasige Molasse aus ihrem Bett und türmt sich auf wie Magma in einem Schildvulkan. Wie ein eitriger Pickel platzt die dünne Kruste der Zivilisation auf und brackige Brühe bricht sich bestialisch-beißend Bahn, den gemarterten Leib zu verlassen. In den schreckgeweiteten Pupillen des Angegriffenen spiegelt sich die zornverzerrte Fratze seines Opponenten. Des Schicksals richtendes Schwert fährt nieder auf die beiden und nur ein Wimpernschlag trennt sie vom drohenden Unbill des Todes.

Ja, *so* kann ich auch schreiben. Fakt ist, der Überraschte drosch dem besoffenen Assi einmal mit der Faust in die Fresse, und bei dem gingen die Kerzen aus. Schicht im Schacht – Ende Gelände. Ich schmunzelte am Fenster, drehte mich um und schlief wieder ein.

Wo denn da nun die Moral bleibt, magst du fragen? Sieht man genauer hin, entdeckt man gleich mehrere: Der Schrecken relativiert sich mit dem Standpunkt des Betrachters.

Was für die Jungs unten auf der Straße das richtig unangenehme Ende einer Partynacht war, stellte sich mir als frühes, aber erquickliches Intermezzo zwischen zwei Träumen dar. Wieso sollten sich Mitteleuropäer um das Weltelend scheren, wenn sie zu Heiligabend, im Festtagsstaat gewandet und ein Stück Gans kauend, noch ganz ermattet von der Bescherungsorgie, die sich soeben im großen Wohnzimmer – es gibt auch noch ein kleines für den Alltag – ereignet hatte, einen Werbespot sehen, in dem kleine Kinder Fliegen auf den Augen und aufgequollene Bäuche haben? Mitgefühl hat bei den meisten Menschen eine Halbwertszeit vergleichbar dem Gedächtnis eines mäßig gebildeten Goldfisches. Und Geld zu überweisen, ist nichts weiter als Ablasshandel. Ich glaube, dazu schreibe ich noch ein Extrakapitel. Erinnere mich bitte daran. Die zweite Moral ist, dass es oftmals so scheint, als wäre der Laute und Aufbrausende gefährlich, wo es in Wahrheit diejenigen sind, die sich Zeit nehmen, zuzuhören und Pläne zu schmieden, diejenigen, die nicht in Erscheinung treten. Es sind die, die keine Breitaxt schwingen, sondern einen giftigen Stachel hinter ihrem Rücken verbergen. Nicht der Hexenkönig, sondern Gríma Schlangenzunge! Verstehste? Nee? Auch nicht so schlimm.

WAS, WENN ICH DER BÖSE BIN?

Da wir beide, du und ich, schon eine ganze Weile in meinem Kopf verbracht haben, zeige ich dir jetzt mal den aktuellsten Gedanken, der mir tatsächlich – in bescheidener Selbsterleuchtung – entstand. *Was*, wenn *ich* der Böse bin? So allgemein? Irgendwie ist es doch immer so: Man lebt vor sich hin – und plötzlich passieren schlimme Dinge, alles um einen herum verwandelt sich in ein tosendes Meer aus negativen Schwingungen, in dem man selbst und alle um einen herum zu ertrinken drohen, und man kann nichts weiter tun, als die Hände vor den Kopf zu schlagen und nicht allzu viel des vergifteten Wassers zu schlucken. Mir geht es jedenfalls immer so. Weil ich ein viel zu gutmütiger, es immer mit allen nett meinender und treudoofer Vollidiot bin. Zumindest *denke* ich, dass das der Grund sein muss. Aber wir sind ja irgendwie auch psychohygienisch angehalten, der Held der eigenen Story zu sein. Zugegeben – es mag in manchen Fällen ein streitbarer Held sein, manchmal ist er auch innerlich zerrissen und hat ab und an auch mal eine düstere Seite. Doch er ist immer noch der Held. Ohne diesen düsteren Unterton wäre ja so eine Heldengeschichte auch nur halb so spannend und menschlich nachvollziehbar! *Ich bin Batman*. Und das hast du jetzt innerlich mitgesprochen. Hab ich dich mal wieder erwischt. Batman wäre ja auch nur halb so interessant ohne seine düstere Seite. Keiner will einen gut gelaunten, aus gefestigtem Elternhaus stammenden Milliardär sehen. Schon gar nicht, wenn man bemerkt, dass diejenigen, die den Reichtum in einer derartigen Menge bündeln, *Teil* des Problems in einer zinsgesteuerten Welt sind. Und statt die armutinduzierten Probleme Gothams mit humanitären Projekten langfristig aus der Welt zu schaffen, wartete er darauf, dass er sich medienwirksam und mindestens genauso kostspielig mit irgendwelchen Verrückten prügeln kann.

Im Grunde will Batman die Probleme gar nicht lösen. Batman will, dass die Probleme weiter existieren, und sich durch die Bekämpfung der Symptome gebraucht und geliebt fühlen, da mit dem Tod seiner Eltern zugleich die Menschen starben, die ihm Nähe und Wärme, aber auch Akzeptanz hätten vermitteln können. Nun sucht er diese Anerkennung im Applaus der Menge. Psychologisch eigentlich ziemlich schlicht. Heute wäre Batman auf jeden Fall ein Social-Media-Star. Viele DJs tragen ja bekanntermaßen auch Masken ...

Auch wir tragen Masken – die einen zum Schaden, andere, wie du, zum Wohle der Gesellschaft – vor uns und vor der Welt und das passt auch ganz herrlich zu dem Bild, das ich mir gerade ausgedacht habe. Grundsätzlich gibt das aber noch keine Auskunft darüber, ob man nun eher maskierter Rächer oder Tunichtgut ist, der seine bösen Absichten unter der Maske zu verbergen sucht. Aber wir *müssen* Helden sein.

Anders wäre es ziemlich unpraktikabel. Man verstünde als Leser seine eigenen Motive erst gegen Ende der Geschichte und führte seinen eigenen Plan niemals bis zum Ende aus. Am Ende gewinnen immer die anderen ... Moment, kommt dir das auch irgendwie bekannter vor, als dir lieb ist?

Ich hab mal von dem Phänomen gehört, dass all die schlimmen Bösewichte – seien es nun Psychopathen, Massenmörder oder Schlagersänger – davon überzeugt sind, das Richtige zu tun, und dass diejenigen, die in der Geschichtsschreibung am Ende als Sieger und damit als die moralisch Überlegenen dastehen, für jene Bösewichte die *eigentlich* Bösen seien! Das führt uns zu der Frage: Woher weiß ich denn, dass nicht ich einer dieser Bösen bin? (Oder weiter gefragt: Kann es sein, dass einfach *alle* böse sind? Diese Erkenntnis fühlt sich zumindest richtig an!)

Wir kennen doch die Geschichten aus dem Freundeskreis: Person A hat Person B übel mitgespielt. Möglicherweise hat sie seine Lieblingsblume zertreten oder ungefragt den letzten Keks gegessen, die fette Sau. Also wirklich ruchlose und schamlose Anschläge auf das psychische Gleichgewicht des Menschen. Allen ist sofort klar: Wer sich so verhält, muss ein schlechter Mensch sein![55] Ja, schämt der sich denn gar nicht?! In vielen Fällen wird wohl genau das vorliegen – also ein gewisses Schamdefizit. Aber ich glaube, zumeist ist der so vehement als »der Böse« Abgestempelte selbst überrascht, wenn ihm dieses Prädikat zu Ohren kommt. Beziehungsweise wäre es, denn während wir ahnungslos pfeifend durch unser Leben tanzen, werden wir stets und ständig mit Schmutz beworfen. Doch da er uns immer in den Rücken trifft, sehen wir ihn selten. Und ungünstigerweise können wir das dann nicht einmal mehr richtigstellen.

---

[55] Im Unterschied zu Leuten, die Deutsch sprechen und Worte wie »DIE BART, DIE« auf ihre Brust tätowieren lassen.

»Entschuldigen Sie bitte? War das Ihr Dreck gerade? Ja? Tja, den habe ich nicht verdient, weil ich das, wofür Sie ihn geworfen haben, gar nicht getan habe!«

»Aber ich habe den Dreck geworfen, weil ich Sie hässlich finde wie die Nacht!«

»Ach so. Das ist was anderes.«

Und so sitze ich jetzt hier und grüble vor mich hin. Wie oft ist es mir eigentlich schon passiert, dass ich Menschen Unrecht getan habe? Momente, in denen ich davon ausgegangen bin, im Recht zu sein, und in Wirklichkeit einer kolossalen Fehleinschätzung aufsaß. Wie oft habe ich Leute mit Dreck beworfen, die einfach nur unschuldig durch ihr Leben getanzt sind, um im nächsten Moment von Matschklumpen niedergestreckt zu werden? Mit furchtbarer Wucht trifft mich die Erkenntnis, dass ich in den letzten Jahren eine Karriere darauf aufgebaut habe, anderen Menschen ihre Fehler unter die Nase zu reiben – Profit generierte, Bekanntheit erlangte und am Ende sogar ein Buch mit manchen dieser fiesen Gemeinheiten füllte. Also zumindest ein paar Gemeinheiten, die in mir umherwirbelten. Und du hast dich davon auch noch unterhalten lassen. War das jetzt böse?[56]

---

[56] Nein. Es gibt weder Gut noch Böse, der Fehler steckt bereits in der Frage. Jeder Mensch ist eine Gesamtheit vieler individuell abgestufter Schattierungen, deren manche als »böse« nach außen treten und die Wahrnehmung dieser Person prägen. So ist es korrekt, aufgrund der verheerenden Auswirkung ihrer Arbeit zu sagen: »Lektoren sind böse.« Zugleich aber sind Lektoren Menschen mit liebenswerten Seiten, wie Gelassenheit und Großzügigkeit in puncto Fristwahrung und Rechnungstellung. Nicht wahr?

Nicht nur das, du selbst wirst auch noch zu meinem Erfüllungsgehilfen – weil sich jeder gerne stellvertretend aufregt! Wenn du meinem Ärger auf Dinge stellvertretend für mich Luft machst, ist das glatt eine Dienstleistung. Sich selbst nicht die Hände schmutzig machen, sondern zusehen, wie jemand anderes die Drecksarbeit übernimmt. Lohn sind Aufmerksamkeit und Anerkennung. Für den »Zeter und Mordio« Brüllenden bedeutet dies jedoch, dass er gar nicht erkennt, dass er irgendwas falsch gemacht hat. Schließlich wird er ja auch noch in seiner Negativität bestärkt.

»Schau, da ist der Gegner. Und jetzt schieß auf ihn. Super, gut gemacht! Gleich noch mal! Ja, das gefällt uns! Hier hast du einen Orden.«

Eigentlich haben jede Tätigkeit, alles Streben und Hoffen nur ein Ziel: sich besser zu fühlen. Oft genug auf Kosten anderer, es sei denn, man hat ein besseres Gefühl dabei, sich für andere *auf*zuopfern, als sie zu opfern. Auch die Selbstlosesten unter uns sind gar nicht so selbstlos, wie es scheint. Immerhin wollen auch sie sich besser fühlen. Nur stellen sie es eben auf eine Art an, die auch anderen nutzt. Und so was gefällt der Mehrheit natürlich! Sehr angenehm, wenn jemand anderer *auch* für das eigene Wohl arbeitet – wie praktisch, nur weiter bitte!

Und so bejubeln und prämieren wir jene, die uns selbst einen Nutzen bringen, und fühlen uns dabei wie Gönner, obwohl wir eigentlich denjenigen feiern, der selbst etwas zurückgegeben hat. Eigentlich ist das doch fair, oder? Wir alle können nicht aus unserer Haut, und da wir im Grunde nur glücklich sein wollen, wird's doch gleich etwas erträglicher. Wie genau man jetzt mit Menschen umgehen sollte, die es glücklich macht,

Robbenbabys zu erschlagen, steht auf einem anderen Blatt – nein, auf keinem der folgenden. Dafür möchte ich nun wirklich nicht auch noch Handlungsanweisung geben. Erschließt sich ja auch intuitiv ... #DIY

WIR BERAUBEN UNS DER EIGENEN FREIHEIT

Der Mensch ist ein Gewohnheitstier. Dieses Wort besteht aus den Bedeutungsträgern »Gewohnheit« und »Tier« Dass der Mensch nur ein Tier ist, das gelernt hat, moralische Begründungen für sein Handeln zu erfinden, das sich in nichts vom Gebaren eines Tiers unterscheidet, ist uns nur zu gut bekannt. Auch dass wir lieber kleine Entenküken im Park erwürgen würden, als unsere Routine aufzugeben. (Diese Punchline ging mir nur sehr schwer von der Hand. Ich hoffe, ihr versteht, dass dies eine Hyperbel ist.) Es ist sind Traditionen und überkommene Ansichten, die unser Handeln bestimmen. Und der Lauf der Dinge – Weihnachten etwa. Völlig gleichgültig, ob du an irgendetwas glaubst, Kommunist bist oder Faschist, Veganer oder Kuhbesamer: Zu Weihnachten geht's nach Hause zu Mutti und es wird völlig ungehemmt Essen vernichtet. Und wenn du deine geröteten Augen am Ende des Jahres einen genaueren Blick zurückwerfen lässt – während ich diese Zeilen schreibe, bin ich noch immer verkatert –, dann darfst du Silvester nicht vergessen, den einen Tag im Jahr, an dem es gestattet ist, deine Pyromanie offen und ungestraft auszuleben, deine Aggressionen und unbewältigten inneren Konflikte mit entsprechenden Mengen Schwarzpulver in Stücke zu sprengen. Endlich wieder Krieg! Randale auf der Straße! *Alerta, alerta* und die Böller aus dem Porschefenster werfen! Briefkästen, Müllhaufen, alte Ruinen, jüngere Ruinen, schäbige Fahrzeuge, neue Fahrzeuge, kleine Tiere, große Tiere, kleine Kinder, große Kinder und Rentner anzünden. Vor allem Rentner![57] Silvester heißt es nicht umsonst: Weg mit dem Alten, her mit dem Neuen! Liebe und Feinstaub liegen in der Luft, wenn das Affenhaus abbrennt. Endlich ist wieder nachhaltig was los, ohne dass es klimaneutral sein muss. Schöner Wortwitz, oder? Denn wie alles in der heutigen Zeit kann es ganz plötzlich zum Tabu werden. Das macht die Gegenwart doch so spannend, nicht wahr? Nie weißt du, ob du heute noch Frauen diskriminieren, Robbenbabys erschlagen oder Camp-David-Klamotten tragen darfst, ohne dafür öffentlich gelyncht und mit Quinoa übergossen zu werden. Nun ist es also um die Silvesterraketen geschehen. Oder sagen wir allgemein um unreglementierte Freude am Silvesterabend. »Alles verbieten« ist das Credo der Menschen zwischen fünfzehn und fünfundzwanzig, deren Elterngeneration sich noch wochenlang auf illegalen Raves in Berlin MDMA hingegeben und getanzt, Häuser besetzt oder – wenn man den zeitgenössischen Werbespots glauben mag – ein weitaus schlimmeres Verbrechen begangen hat, nämlich: Raubkopie. Wenn doch nur einmal das SEK meine Wohnung gestürmt hätte, weil ich mir *Mr. Nobody* zum wiederholten Male auf einer illegalen Streamingplattform gezogen habe, um mir mit einem Fuß im Genick mitzuteilen: »Du kannst nicht jedes Mal, wenn du ein Weib begatten willst, illegal Filme runterladen, du Abschaum!« Pro-Tipp: Der Film ist intellektuell, unbekannt *und* mit Jared Leto … er erfüllt seinen Zweck folglich *immer.*[58]

---

57 RentnerInnen [Anm. d. Verl.].

58 Nicht wahr, Anett, Charli, Denise, Elli, Fine, Hannah, Jenni, Lisa, Maddi, Natti, Robert, Svenja, Tessa und Vicki?

Und so stehen sich zu Silvester nicht mehr bloß besoffene Hartassis gegenüber, die sich gegenseitig mit Böllern bewerfen, sondern zwei Gruppen, die das Für und Wider auf moralisch-politischer Ebene auszufechten suchen, als ginge es statt um festives Knallgut um das Steinigen von Jungfrauen. Auf der einen Seite die vernunftbegabten, intelligenten Umweltschützer und rechter Hand jene, die sich als Kämpfer für Freiheit und Selbstbestimmung verstehen. Wieso rede ich jetzt über Silvesterraketen, ist das nicht irgendwie egal? Nein, durchaus nicht. Die arme Umwelt! Abschaffen! Wohingegen die anderen die Raketen als Symbol für Freiheit und Individualismus betrachten und sie mit dem Leben verteidigen wollen! Weil es längst nicht mehr um die Sache an sich, sondern um ein grundsätzliches, übergeordnetes Thema geht, müssen wir hier nicht lange diskutieren, ob man Raketen und Böller braucht oder nicht. Spannend ist vielmehr, was dieser überhitzte Streit über die Gesellschaft verrät. Nun, jede Debatte führt unweigerlich dazu, dass sich wenigstens zwei Gruppen zerfleischen. Es sind stets die gleichen Lager, und es geht, wie in der Politik auch, schon lange nicht mehr um den Gegenstand, sondern darum, wer sich hier im Land durchsetzt: Gutmenschen oder Traditionalisten.

Gewöhnlich haben sich am Ende immer diejenigen durchgesetzt, die sich dem Fortschritt geöffnet haben. Schlicht, weil man sich ihm nicht ewig verschließen kann, ohne überrollt zu werden. Die Entwicklung kommt und reißt alles mit sich, wenn man sich auch noch so verbissen am Status quo festklammert. Im Grunde könnte man sich zurücklehnen und entspannt die Zeit ihr Ding machen lassen. Der Mensch wird sich eh nicht verändern, also geht es nur um den äußeren Anstrich der immer gleichen Sau, die durchs Dorf getrieben wird. Die damit einhergehenden Probleme sind schnell aufgezählt und eigentlich gar nicht so schwerwiegend. Es wäre beispielsweise schade, wenn die sich am Silvesterabend selbst durch Feuerwerk aus dem Leben schießenden Individuen weiterhin den Genpool verdürben. Leider darf ich mit diesem Argument keiner Diskussion beiwohnen. Menno. Immer sagen mir Leute: »Verlassen Sie dieses Lokal!«, wenn ich meine Ansichten auf einem Tisch stehend proklamiere. Das kenne ich aus Disneyfilmen aber noch anders. Wir verbieten Dinge aber nicht nur, weil sie vermeintlich nicht mehr oder noch nicht in die Zeit passen, sondern auch weil manche Menschen schlicht lebensunfähig sind und Verbote das Einzige sind, das sie vor einem Tod bewahrt, der mit dem Verstand eines bleigeschädigten Feldhamsters hätte verhütet werden können.

Am Ende geht es doch um Folgendes: Ist es cool, dass wir uns selbst etwas verbieten sollen, weil ein paar Leute zu doof sind, verantwortungsbewusst zu handeln? Alkohol! Wieso schreit denn keiner nach einem Alkoholverbot angesichts all der alkoholinduzierten Unfälle, Gewalttaten und Tragödien? Antwort: weil alle dabei 'ne Menge Spaß haben und ungern Dinge einschränken, die ihnen selbst wehtun würden. Würde ein Notfallchirurg jemals eine Begrenzung der Höchstgeschwindigkeit fordern? Wahrscheinlich schon, okay. Ein Automobilhersteller jedoch nicht, denn das würde bedeuten, nur mehr null Fahrfreude, dafür aber deutlich mehr Zeit auf der Straße. Also noch zusätzlich zum Stau. Damit würde auch die Gefahr steigen, dass Vielfahrer auf dem Weg einfach einpennen. Aber das ist jemandem, der gar kein Auto hat, vermutlich egal. Wir können ja alle Fahrrad fahren.[59]

---

[59] Korrekt!

Ich erinnere mich, dass meine stets von der Sorge, ich könnte mir selbst etwas antun, umgetriebenen Eltern mir immer alles aus den Händen rissen. Sicherlich ist das im Falle einer betriebsbereiten Flex oder eines C4-Sprengsatzes sinnvoll, es blieb mir dadurch jedoch versagt, grundlegendes handwerkliches Geschick zu entwickeln, von den spaßigen Dingen, die mir hätten widerfahren können, ganz zu schweigen. Alles ist mit Risiko verbunden, insbesondere wenn man ein unfähiger, kleiner (erwähnte ich unfähiger?) Zwerg ist, der noch nicht recht weiß, wie lang die eigenen Gliedmaßen sind, und sich sogar an der eigenen Zunge verschluckt. Und eine gewisse Pflicht, die Autoeuthanasie des Nachwuchses zu verhindern, kommt den Eltern schon zu.[60] Wie so häufig aber versagen die meisten Eltern, weil sie zu viel oder zu wenig erlauben. (An dieser Stelle möchte ich erneut auf das von mir geforderte Konzept des Elternführerscheins hinweisen, siehe Prinz, A. (Hrsg.): *Der Elternführerschein und du. Ein Leitfaden für Eltern, die Kinder hassen*, Halle (S.) 2021. Falls ich jemals Politiker werden sollte – narzisstisch genug bin ich zumindest –, dann hätten meine Gegner mit diesem Buch sehr viel Material gegen mich in der Hand. Aber was soll's, wir leben ja in der Gegenwart. Und da ist alles möglich, oder?) Gesellschaftlich gesehen, scheint es jedoch nur eine Gruppe zu geben, die ein Generalverbot fordert. Zumindest in Deutschland. Keine Ambitionen, keine Freude und keine Resilienz. War doch das Erste, was ich beim Einzug in meine Wohnung von der Nachbarin gefragt wurde: »Würden Sie als junger Mensch empfehlen, ein großes Transparent an die Fassade des Hauses zu hängen, auf dem man die Partypeople darauf hinweist, dass hier Leute wohnen und nicht von ihnen gestört werden wollen?« Ich vertraue darauf, nicht kommen-

60 BGB 1626 ff.

tieren zu müssen, *weshalb* ich diesen Spruch für so grundlegend deutsch und also falsch halte. Ich meine, wie können es diese jungen Leute wagen, werktags alkoholisiert von Kneipe zu Kneipe zu ziehen und sich zwischendurch beim Rauchen[61] vor dem Lokal zu unterhalten? Nicht nur, dass sie währenddessen nicht produktiv sind. Nein, sie stören auch noch den Schlaf unbescholtener Bürger, deren Ansinnen einzig geruhsame Erholung ist, um das nächste Tagwerk mit Kraft und Freude zu beginnen, zum Wohl der Familie und des deutschen Vaterlandes. Ja, man sollte die Hasardeure auf ihre volkskörperzersetzende Geisteshaltung mahnend hinweisen. Oder vielleicht gleich nonverbal, ein zehn Meter großes Banner, von dem ein strenger Führervater mit autoritärem Blick und strammer Haltung strafend auf das unnütze Gesindel herniederblickt. *Das* versteht jeder. Hussa, sage ich!

Ernst, Pflicht und Gehorsam haben Deutschland auch in der Vergangenheit stark gemacht (bevor es dann ganz, ganz klein gebombt wurde. Zerstreuung und Blödsinn sind etwas für Italiener, derentwegen ja Deutschland den Krieg verloren hat. Oder Franzosen, die nur demonstrieren und Kriege verlieren können, oder Spanier, deren Inquisition selbst bei der Hexenverfolgung weniger effizient war als Deutschland.[62] Oder andere Nationen, die für Geringeres bekannt sind als dolce vita, Sex und Wein – drauf geschissen! ... wenn genug Klopapier im Haus ist. *Alex: Kotzlaute und ab. Alex: tritt auf.* Und schlimmer noch, als seine Zeit unproduktiv in die Gosse

[61] Die EG-Gesundheitsminister: Rauchen kann tödlich sein. Der Rauch einer Zigarette enthält: 8 mg Teer, 0,7 mg Nikotin und 8 mg Kohlenmonoxid (Durchschnittswerte nach ISO). LOL

[62] Anerkennend muss man jedoch erwähnen, dass der Faschismus in Spanien wesentlich haltbarer war. Allerdings treibt er hierzulande derzeit solch starke Knospen, dass die letzte Parole in dieser Sache noch nicht gebrüllt ist.

vor der Kneipe rinnen zu lassen, ist, aus der Reihe zu tanzen. Wenn man etwa die heilige Sperrstunde ignoriert, den Müll nicht demonstrativ genug trennt, die Kehrwoche missachtet, das Auto gar nicht und die Fenster viel zu selten putzt. Oder, und da muss ich mich erst beruhigen, bevor ich fortfahren kann.

…

»Und jetzt schreiben wir weiter.«

»Alex, hast du dich jetzt beruhigt?«

»Ich habe meinen Kaffee getrunken, beruhigt habe ich mich noch nicht.«

…

Oder wenn man in irgendeiner Weise auffällig ist. Tattoos, die »falsche« Kleidung, zu schnelle Autos, ein zu moderner Lifestyle, zu große Freude am Singlesein – all das schadet der Volksmoral und -integrität.

Glücklicherweise aber gibt es Gesetze, mit denen wir uns vor Bedrohungen dieser Couleur schützen können, die in unserem Leben *wirklich* eine Bedeutung haben und keine aktionistischen Häufchen gelangweilter Diätenbezieher sind. Denn was soll man sich über die Globalisierung sorgen, wenn man am Sonntag von einem Motorradfahrer geweckt wird? Viel zu laut und ohne produktiven Mehrwert: Motorräder verbieten! Ist man denn jemals von einem Chinesen geweckt worden, während der eine durch Marktmanipulation in Schieflage geratene deutsche Firma aufgekauft hat? Nö.

Die machen das wenigstens leise und effektiv. Das weiß man zu schätzen.

So beschränken die besorgte Bürgerin Bärbel aus Bamberg, die tierfreundliche Theologin Tina aus Thale sowie der auf der Autobahn etwas ängstliche Angestellte Axel alle Übrigen, indem sie die Maximalgeschwindigkeit auf hundertzwanzig begrenzen lassen wollen. Individuell jeweils sehr nachvollziehbar. Allerdings ist Bärbel besorgt, weil die Autofahrer ihr in der Stadt zu forsch fahren, während Tina Angst um Tiere hat, die auf Autobahnen sterben, und Axel ... der fährt einfach nicht gut Auto und ist deshalb unsicher. Der ab und an auf dem Asphalt akzelerierende Alexander in seinem Automobil, der jährlich siebzigtausend Kilometer fahren muss, um seinem Job nachzugehen, ist der Einzige, dessen Leben dieses Verbot beeinflusst. So funktioniert Politik. Menschen entscheiden Dinge, die ihnen egal sind. Es sei denn, man bezahlt sie, eine andere Meinung zu haben. Zugegeben, es könnte sein, dass ich Straßenverkehr ziemlich persönlich nehme. Ich hör ja schon auf.

WIE VIEL VERSCHWÖRUNG STECKT IN DIR?

Nichts ist, wie es scheint. Und wer sind wir schon, uns aus dem Fenster der Schöpfung zu lehnen, um mit selbstsicherem Grinsen zu rufen: »Ich weiß, was die Welt im Innersten zusammenhält!« Oder zeitgemäßer: »Es gibt eine Theorie, die besagt, wenn jemals irgendwer herausfindet, wozu das Universum da ist und warum es da ist, verschwindet es auf der Stelle und wird durch etwas noch Bizarreres und Unbegreiflicheres ersetzt. Es gibt eine andere Theorie, nach der das schon passiert ist.« Der große Douglas Adams hat das einst geschrieben. Er musste es wissen, schließlich kannte er die Antwort auf alle Fragen: 42.[63] Was genau 42 bedeutet, ist Gegenstand unaufhörlicher Debatten. Ich hab das mal extra für dich gegoogelt. Will mir ja nicht vorwerfen lassen, unvorbereitet hier zu erscheinen, als wäre ich in der Uni. Gemäß einem Reddit-Forum ist 42 die im ASCII-Standard verwendete Eingabe für das Zeichen »*«, was so viel wie *multiply* = multiplizieren bedeutet. Der Sinn des Lebens ist also, sich zu vermehren. Hier sind sich Bibel und Wissenschaft einig. Bemerkenswert genug! Und dies bezieht sich nicht auf das

[63] Viel wichtiger und bemerkenswerter ist sein Buch *Die Letzten ihrer Art*, das ihm wirklich am Herzen lag und für das er viel lieber weltberühmt gewesen wäre als für die 42.

Universum allgemein, sondern auch auf seine Bewohner, also auch die Menschen. Da sind wir den Viren sehr ähnlich. Sich auf Gemeinsamkeiten zu besinnen, ist viel schöner, als sich zu bekämpfen, nicht wahr? So weit, so logisch. Tatsächlich habe ich in meinem Leben noch nie von ASCII gehört. Programmieren ist mir fremd und ich kann nicht einschätzen, ob der Command »*« wirklich *multiply* bedeutet. Doch wer bin ich, das zu hinterfragen. Passt alles total gut zusammen, das haben auch die anderen Nutzer im Reddit-Forum bestätigt. Und wenn das auf einer so großen und wichtigen Plattform wie Reddit zu finden ist, muss ja irgendwie auch etwas dran sein. Und natürlich ist es möglich, dass sich Douglas Adams genau *das* bei der Beantwortung der Frage gedacht hat. Doch nur weil die bekannten Parameter dafürsprechen, dürfen wir uns dessen nicht zu gewiss sein. Nur ein zusätzlicher Faktor, und die ganze, sehr solide Argumentationskette wird gesprengt. Ein bislang unveröffentlichtes Statement Adams', in dem er diese Schlussfolgerung dementiert, beispielsweise. Oder Beweise, dass er Programmieren insgeheim gehasst hat und deswegen niemals mit Referenzen auf das Programmieren arbeiten wollte. Das zerschlüge jäh die tönernen Füße dieser Theorie. Stelle dir bitte vor ... Ja, du musst dich jetzt wieder anstrengen und mitmachen, dieses Buch ist nicht nur für den passiven Konsum gedacht, Herrgott noch eins! Wieso ist denn heute jeder so derartig faul, dass er noch nicht einmal zu einer Denkleistung bereit ist, die er unschwer aus seinem Ohrenbackensessel heraus vollbringen kann! Also, stell dir nun vor, auch wenn es dich über alle Maßen anstrengt und ich förmlich schmecke, wie Schweißtropfen des Unwillens über deine Stirn rollen, dass du dich im Café mit einem Freund über *Per Anhalter durch die Galaxis* unterhältst. Dein Freund hat es gerade ausgelesen, du kennst es seit deiner Jugend, und die Faszination für Thema und Werk sind bereits abgekühlt. Eigentlich verschwendest du nur noch wenig Zeit, dir darüber Gedanken zu machen, genießt es aber, Referenzen zu entdecken. Mittlerweile ist die 42 bedeutender als der ganze Rest geworden. Auch dein Freund hat sich gedanklich völlig in der 42 verloren. Darin *muss* es schließlich einen tieferen Sinn geben, vielleicht einen Code, eine Anweisung oder einen Schlüssel für weitere Geheimnisse des Lebens. Ein Werk, das so groß, und eine Antwort, die so random erscheint – das darf kein Zufall sein! Und natürlich kennt dein Freund die Foren, hat sich über die Theorien schlaugemacht. Natürlich, denkst du dir, was hast du als Student schon anderes zu tun, als den ganzen Tag über erfundene Geschichten, Tiny Living, veganen Lifestyle und feministischen Sex nachzudenken. So unschuldig, so unwissend, aber auch so unwillens, dem profanen Leben Aufmerksamkeit zu schenken. Gefangen in dieser niedlichen Blase, der Studienzeit, die eigentlich eine Form der Arbeitslosigkeit ist, aber eine, die nicht zum ALG II berechtigt und die einem nicht so »nutzlos« vorkommt, weil man sich im Studium ja aktiv beschäftigt hält. Eine Zeit, in der es noch in Ordnung ist, keine Ahnung zu haben, wohin man will und was eigentlich gerade um einen herum passiert, obwohl man sich das Gegenteil einbildet. Rückblickend betrachtet, erkennst du, dass du noch ein Kind warst und diese Zeit gebraucht hast, um zu Verstand zu kommen. Und du hoffst insgeheim, dass sich niemand an deine damalige Bigotterie erinnert, die einer beinahe religiösen Überzeugung entsprang. Aus solch einem beleidigend langen und zugleich sinnlosen Gedankengang erwachst du. (Ich kann nicht einschätzen, worüber du normalerweise nachdenkst. Vielleicht wurdest du auch von einem Hündchen oder einem geilen Arsch abgelenkt?) Du bemerkst, dass dein Gegenüber immer noch über Douglas Adams labert und nun eine These aufstellt, die er eigentlich nur bei Reddit aufgeschnappt hat. Da du Bescheid weißt, merkst du dies an, dass der Autor selbst immer wieder angab, bei der Zahl handle es sich ausschließlich um einen bedeutungslosen Scherz. Die Miene deines Freundes gefriert. Mitten in der Bewegung stockt der Pumpkin-Spice-Latte wie an einer unsichtbaren Barriere vor seinem Mund.

»Das kann nicht sein, schließlich ergibt das alles Sinn! Ich habe es dir doch gerade erklärt!«

Ein eisiger Wind weht dir plötzlich um die Nase und ein abrupter Wetterwechsel vollzieht sich über eurer Konversation.

»Spielt doch keine Rolle, was irgendwelche Leute in einem Forum behaupten. Der Autor hat gesagt, dass es keine Bedeutung gibt. Ende der Diskussion.«

»Und woher weißt du das? Hat er dir das selbst gesagt? In einem vertraulichen Gespräch unter vier Augen? Das hast du doch auch nur irgendwo gelesen!« Das ist zwar ein Fakt. Doch so irrelevant, dass dein Pulsschlag wie nach dem Genuss eines plangalaktischen Gargleblasters hochschießt. Was für eine Scheiße! Als ob du mit deinem vor Jahren angesammelten Wissen über Douglas Adams gegen jemanden, der bei Reddit Kommentare gelesen hat, verlieren könntest! Wie starrsinnig kann man denn sein, das nicht anzuerkennen? Du weißt zwar nicht mehr, *wo* du das gelesen hast, aber es muss damals schon eine offizielle Quelle gewesen sein, sonst hättest du es ja nicht ernst genommen. Überhaupt – seit wann glaubt man denn irgendwelchen Leuten mehr als der Presse! Du willst deinen Freund gerade argumentativ in den Boden rammen, da legt er nach.

»Das hast du doch bestimmt in irgendeiner Zeitung gelesen, oder?« – »Trottel«, denkst du dir, da er sich gerade selbst entwaffnet hat. »Natürlich, ich weiß zwar nicht mehr ganz genau, wo es war – *Guardian*, *Zeit* oder so muss das gewesen sein ...«, versuchst du auszuführen, doch dein Gegenüber schneidet dir barsch das Wort ab.

»Ach, du weißt es noch nicht einmal mehr, wen du hier zitierst, und willst *mir* vorwerfen, dass ich mich auf unseriöse Quellen beziehe? Ganz schwach von dir, ehrlich. Dass man an deiner Vernunft zweifeln muss, dachte ich mir schon, als du letztens dieses Buch von Alexander Prinz gekauft hast, diesem moralinsauren Gutmenschen. Schön Geld in den Hals gestopft, damit er im Leben nicht richtig arbeiten gehen muss.« Das trifft dich, weil du selbst feststellen musstest, wie vergeudet die Investition in dieses drittklassige Machwerk war. »Ich kann dir versichern, dass es zumindest ein Qualitätsmedium war, bei dem richtige Journalisten schreiben. Anders als in deinen tollen Foren. Oder bei Prinz. Da kannst du nicht mal einschätzen, *warum* manche Autoren schreiben, was deren versteckte Beweggründe sind beispielsweise«, versuchst du das Heft wieder an dich zu reißen. Doch der Versuch misslingt.

»Wie viel aus Kostengründen in großen Redaktionen mittlerweile eben *nicht* von Journalisten, sondern von Praktikanten und freien Mitarbeitern ohne entsprechende Qualifikation kommt, das ist ja weithin bekannt und sollte *dich* auch nicht überraschen.« Uff. Der hat gesessen und du schämst dich noch mehr, dass du dir dieses vermaledeite *Du kannst sie nicht alle töten* gekauft hast, weil der Autor nicht nur keine Qualifikation besitzt, sondern auch noch hochgradig unseriös ist. Du bist enttarnt, demaskiert. »Ich denke nicht, dass eine Bagatelle wie ›Was steckt hinter der 42?‹ zu einem Politikum werden sollte. Es ist doch nur eine lustige, philosophische Idee, die ihr Potenzial gerade darin voll entfaltet, dass sich alle Welt darüber unterhält, was dahinterstecken könnte. Aber es steckt nichts dahinter, wie bei so vielen Dingen, denen Menschen große Bedeutung beimessen. Castingshows, teure Autos oder Gott zum Beispiel.«

Du lehnst dich zurück, willst gerade von deinem Latte macchiato doppio nippen, weil du überzeugt bist, damit jegliche Feindseligkeit im Keim erstickt zu haben, da explodiert der Fremde dir gegenüber. »Und *das* ist, was bei euch Schlafschafen falsch läuft! Ihr denkt, dass nix eine Bedeutung hat, dass alles Zufall ist und sowieso niemand so mächtig ist, uns zu lenken! Wacht endlich auf! Natürlich wird Adams nicht offiziell preisgeben, was 42 bedeutet!«

»Das bedeutet gar nichts! Was soll das schon bedeuten? Es ist nur Science-Fiction!«, fährst du aus der Haut.

»Hör zu, es ist ein Code! Du wirst es gleich sehen! Ich erkläre es dir, ich beweise dir, wie falsch du liegst!« Der Ton wird verschwörerisch.

»Hast du dich jemals gefragt, ob das Leben, wie wir es kennen, nur konstruiert ist? Wir uns vielleicht in einer Simulation befinden? So wie in *Matrix?* Könnte man das überhaupt rausfinden? *Nein!* Oder vielleicht doch? Klar! Wenn man sich den *Code* ansieht, nach dem diese Realität programmiert ist! Und in diesem Code ist – Überraschung, Überraschung! – immer wieder der ›*‹ verbaut. Hast du jemals *Harry Potter* gelesen?«

»Wer hat das bitte nicht, mach dich nicht lächerlich.«
»Was passiert auf Seite 42?« – »Dinge mit Magie vermut-

lich.« »Sehr lustig. Nein, viel wichtiger. Auf Seite 42 findet Harry heraus, dass er ein Zauberer ist.«

»Wow. Und weiter?«

»In Bram Stokers *Dracula* entdeckt Jonathan Harker auf Seite 42, dass er ein Gefangener des Vampirs ist, und in Mary Shelleys *Frankenstein* erkennt Dr. Frankenstein auf Seite 42, dass er in der Lage ist, Leben zu erschaffen.«

»Okay, vielleicht können wir erkennen, dass es einen seltsamen Zusammenhang zwischen der Zahl 42 und der Entwicklung von Plots in Romanen gibt.«

»Vielleicht weil Illusionen mit der Zweiundvierzig konstruiert werden? Denk mal drüber nach! Aber nicht nur für Text gilt das, auch für Musik! *Back in Black*, *Thriller* und *The Dark Side of the Moon* gehen ebenfalls genau 42 Minuten!«

»Das sind technisch bedingte Zufälle.«

»Manches ist auch gezielt so vom Menschen beeinflusst. In Asien gibt es keine zweiundvierzigste Etage, weil ›vier‹ und ›Tod‹ sehr ähnlich klingen.« – »Das ist nachweislich Aberglaube.«

»Klar, dass du mir nach diesen Beispielen noch nicht glaubst – aber entscheidend ist hier die Menge der Hinweise! Pass auf! Molybdän ist das zweiundvierzigste Element und gleichzeitig das zweiundvierzighäufigste Element im Universum! Die Originalausgabe von *Alice im Wunderland* hat zweiundvierzig Illustrationen, Elvis Presley starb mit zweiundvierzig Jahren, Buzz Lightyears Raumschiff aus *Toystory* heißt ›42‹, ein Bic Mac enthält zweiundvierzig Prozent des täglichen empfohlenen Salzbedarfs, Cricket hat zweiundvierzig Regeln … um nur ein paar Hinweise für die Konstruktion unserer Realität zu nennen.«

Du lehnst dich zurück. Das musst du erst einmal verkraften. Unfassbar, wie viel Salz in so einem Big Mac steckt. Der ganze Rest ist natürlich Schwachsinn, aber interessant, wie zufällig manches scheinbar zusammenpasst.

»Und du willst mir erzählen, dass dahinter keine Verschwörung steckt. Pass mal auf: Das Gebäude des CEO von Google in San Francisco heißt inoffiziell ›Haus 42‹ Ich sag dir – da steckt viel mehr dahinter als gedacht. Wieso sollte Google denn sonst die mächtigste Firma der Welt sein? Ich habe jedenfalls meine Schlüsse gezogen. Ich werde mich einer Kommune anschließen, die im Wald wohnt und auf jegliche Form von digitalen Medien verzichtet, damit uns Google, das ganze Netzwerk nicht mehr steuern kann, und vielleicht schaffen wir es, aus der Matrix auszubrechen, bevor sie unsere Persönlichkeiten hochladen und uns damit unsterblich machen. Das ist nämlich deren Endziel: uns aus dem Paradies aussperren, weil wir nicht mehr sterben können! Das hat jedenfalls letztens Attila Hildmann herausgefunden. Krass, wie der sich opfert, dass wir die Wahrheit erfahren …«

Du bist an diesem Nachmittag im Café zu zwei neuen Erkenntnissen gelangt. Erstens war dir nie klar, wie schnell man Freunde loswird, wenn man ihnen nur lang genug zuhört. Und zweitens, dass die Zahl 42 wirklich eine ziemlich seltsame Zahl ist, mit der du dich noch weiter auseinandersetzen solltest.

LASS DICH HOCHLADEN

Bevor wir zum Terraforming kommen – einer eigentlich recht naheliegenden Idee, die auch im Hinblick auf unsere technischen Möglichkeiten bald Alltag werden sollte, aber gerade angesichts von Filmen wie *Transcendence* zugleich wünschen lässt, dass es unter Umständen keine Praxis werde –, empfiehlt es sich, ein Ego mit digitaler Macht auszustatten. Umso besser für dich als Superschurken. Ich rede natürlich nicht nur davon, die Welt mit dieser unfassbaren Macht ins Chaos zu stürzen, die plötzlich in deinen Händen läge. Es geht auch darum, dich de facto nicht mehr löschen zu können, du könntest dich wie ein Virus (ein digitales, ruhig bleiben!) in den letzten Ecken der Welt verbergen und wachsen, weiter existieren und dich entwickeln. Näher kann man echter Unsterblichkeit nicht kommen. Du könntest sogar jederzeit in einen biomechanischen Körper runtergeladen werden, um deinen Schabernack zu treiben, und – jetzt werden wir mal zusammen wieder so ein bisschen gotteslästerlich – was unterscheidet dich dann überhaupt noch von einem Gott? Du bist unsichtbar, unsterblich, hast in diesem System unendliche Macht und bist immer wieder in der Lage, dich zu manifestieren. Vielleicht ist unsere Realität ja auch nur eine Simulation und Gott nichts weiter als ein hochgeladener Mensch, der seine Macht nutzt, um sich selbst zu einem omnipotenten Lebewesen zu machen. Zumindest so, wie er sich mit einem sehr eingeschränkten Bild von der Welt ein omnipotentes Lebewesen vorstellt.

Erschaffe eine Insel nach deinem Ebenbild! Wer das eine oder andere Mal dem Google-Street-View-Auto begegnet ist, kennt die Freude, künftig rein hypothetisch für immer an dieser Stelle verewigt zu sein. Wie wahrscheinlich aber ist es, dass irgendjemand ausgerechnet diese eine Straße bei Street View betrachten will? Willst du wirklich unsterblich werden, musst du eine Spur größer denken. Man muss dich in Zukunft und für immer auf Satellitenfotos erkennen können! Damit das möglich wird, ist viel Botox nötig – nur bekanntermaßen erkennt einen dann irgendwann nicht einmal mehr die eigene Mutter.

Bau dir einen beständigen Tempel! Die Ägypter haben es getan, irgendwelche Kunden in Indien haben es getan und auch in Südamerika ragen noch heute steinerne Monumente aus anderen, längst dem Urwald anheimgefallenen Ruinen hervor. Das kannst du auch! Allerdings solltest du dich darauf einstellen, dass es lang dauern wird, einen Betrieb zu finden, der deinen Auftrag annimmt. Aufgrund des immer noch anhaltenden – Achtung, jetzt kommt's – Fachkräftemangels sind die Auftragsbücher voll und die Handwerker maßen sich an, sich von allen die angenehmsten und lukrativsten Projekte herauszupicken. Und sei mir nicht böse, aber wer einen Ratgeber kauft, ist in der Regel nicht so besonders gut aufgestellt, dass er mit einem fetten Angebot die Entscheidung des Tempelmaurermeisters etwas ... etwas elastischer schmieren könnte. So. Und nun? Bleibt nur, statt zur Vorlesung zu gehen, wo man ohnedies nichts lernt, ein Lot zu kaufen oder, für die ganz Sparsamen, einen Stein vom Ufer aufzulesen und an einen Schnürsenkel zu binden – dann noch ein unauffälliges Grundstück annektiert: fertig. Aber falls das Ordnungsamt zu Besuch kommt und seine harten Kumpels von der Baubehörde mitbringt, von *mir* hast du das *nicht*.

Schleuse deinen Samen nach Spitzbergen! Schon lustig, dass Genmaterial an einem Ort des Namens »Spitzbergen« aufbewahrt wird. Verstehst du? Wegen Spitz und weil Penisse im erigierten Zustand länglich sind. Verstehst du meinen Witz, meinen Witz über Samen und Spitzbergen? Nein? Na, dann ist ja alles gut. Jedenfalls erfordert dieses Unterfangen im Gegensatz zu meiner ganz profanen Tempelfantasie echte Kreativität. Wie gut, dass es dafür Profis gibt, ich kann dir dabei nicht weiterhelfen, dafür bin ich viel zu beschäftigt, schreit doch meine Wohnzimmerwand neuerlich danach, kupferfarben getüncht zu werden. Eigentlich möchte ich damit nur Maik ärgern, falls er mich für den Podcast in der Zeit nach dem Virus wieder besuchen kann. Wenn es schon veganes Naschwerk gibt, dann soll er auch ein bisschen leiden müssen, wenn er nicht nur mein Gesicht, sondern dahinter eine weitere Terrorchromewand ertragen muss. Aber ich schweife ab. Gut bemerkt! Samenbank klingt nach Wissenschaft. Wissenschaft erfordert gute Noten. Gute Noten bekommen in aller Regel Frauen. Folglich arbeiten in der Samenbank Spitzbergens gewiss viele Frauen. Das Klischee – nicht ich! – will es so, dass Wissenschaftlerinnen unattraktiv sind. Es sollte also ein Leichtes sein ... Nein. Den Rest überlasse ich deiner Fantasie, dazu bin ich mir zu fein. Jedenfalls wird Tinder auch hier helfen. Aber auf Gold upgraden, damit du schon von zu Hause aus Spitzbergen durchspielen kannst!

Lass dich in einer Stasekammer ins Weltall schießen! Modernes Wohnen in einer Kunststoffkammer, die aussieht wie ein Zäpfchen aus der Designschmiede von Apple – das ist zumindest der feuchte Traum solch schräger Vögel wie meines Lektors, der sich dann aber das Interieur dazu nicht leistet, das natürlich separat verkauft wird. Daneben sind diese Dinger, spätestens seit Fry sich anno 1999 einfrieren ließ – und neuerdings wieder seit *Love, Death & Robots* –, stark im Kommen. Also rasch auf Kleinanzeigen nachgeguckt, bevor der Hype wild um sich greift und die Preise auf dem Gebrauchtmarkt explodieren.

Du siehst also wieder einmal mehr, dass den Möglichkeiten kaum Grenzen gesetzt sind. Und wenn, dann sind diese Grenzen schier unüberwindbar. So ist es, gottgleich zu sein! Vielleicht doch lieber das Studium durchziehen, was? Nichtsdestotrotz (bestes Wort jemals!) kannst du dir ja ein wenig Datenvolumen in der Cloud sichern. Ich habe im Gefühl, dass es nicht mehr allzu lange dauern kann ...

KALENDERSPRÜCHE SIND WAHR

Je älter ich werde, desto deutlicher reift in mir die Erkenntnis, dass auch andere Menschen gelegentlich recht haben. Nimmt man nun die gesammelte kognitive Kraft Hunderter Generationen – die in ihren Annahmen zwar größtenteils irrten, aber doch mitunter, wenn sich über den Verlauf vieler Jahre ein gewisses Muster herausbildete, brauchbare Erkenntnisse ableiteten, die man seinen Enkelkindern mitgeben wollte, wenn man darüber hinaus davon ausgehen musste, dass die Enkelkinder nur eine kleine Tasse voll Intelligenz eingeschenkt bekamen – zusammen, dann formt sich ein Schatz, der zu Volksweisheiten geronnen ist und fortan auf Kalendern oder Stoffen geschrieben, gedruckt oder gestickt vererbt wird. Und sie alle sind wahr. (Oder zumindest so allgemein formuliert, dass sie gar nicht unwahr sein *können.*) Den Tag nicht vor dem Abend loben zu dürfen, ist das Paradebeispiel. Wann erinnert man sich denn schon an Tage, die ausschließlich gut verliefen, ohne dass einem noch vor Abschluss des Tagwerkes irgendwas in die Parade fuhr? Selten! Aber stell dir vor, Ritter Bob von Tutenhausen sitzt auf seinem Ross und wischt sich die Innereien von ein paar Dutzend Landsknechten aus den Augen, die er gerade niedergestreckt hat. Ein kleines Scharmützel unter Freunden. Auf dem Weg zur heimischen Trutzburg pfeift er ein freundliches Liedchen und wie bei einer Disneyprinzessin fallen auch die Tiere des Waldes ein und begleiten ihn auf seinem Weg, während hinter ihm die Sonne sinkt und alles in ein warmes, oranges Licht taucht. Im heimeligen Thronsaal tischt die Lieblingsmagd Schweinebraten auf und bekommt zum Dank einen Klaps auf den knackigen Hintern. Zufrieden stürzt er einen oder ein Dutzend Becher Weins den durstigen Schlund hinab. (Wein war damals nicht so stark wie heute, deshalb wird ihn morgen nicht einmal ein Kater ereilen, noch ein Triumph!) Und während er seinem Lieblingshund die Ohren krault, beschließt er, den Abort aufzusuchen. Dieser befindet sich, wie es damals gang und gäbe war, an der Außenmauer der Befestigung und verfügt über ein Loch in einer Sitzbank. Man entledigt sich vermittels Schwerkraft, die glücklicherweise vor ihrer Entdeckung durch Newton bereits funktionierte, des Darminhalts. Mit ächzendem Seufzer lässt sich Ritter Bob in milder Vorfreude auf die Entspannung, die gleich seine Därme ereilen wird, darauf niedersinken. Doch leider ist der Donnerbalken morsch und mit nacktem Arsch voran fällt Ritter Bob die Mauern hinab, um in die morastigen Haufen der letzten Monate zu stürzen und sein Leben in ranzigen Tiefen verrotteter Verdauungsüberreste zu verlieren. Hier bewahrheitet sich nun die Weisheit, man solle den Tag nicht vor dem Abend loben, durchaus. Auch ein anderer Spruch passt: »Wenn das Kind ertrunken ist, deckt man den Brunnen zu.« Nun war es zwar eher Ritter Bob, der in seinen eigenen Fäkalien ertrunken ist, aber auch er hätte den Donnerbalken einfach früher austauschen können. Ein weiterer Spruch, der vor allem jetzt immer wieder deutlich seine Relevanz beweist: »Der Teufel scheißt immer auf den größten Haufen.« (Nein, ich möchte jetzt nicht *grundsätzlich* über den Abort sprechen.) Was das bedeutet? Nun, ist man bekannt oder reich, wird das für zukünftige Unternehmungen in der Regel ein Vorteil sein und am Ende dazu führen, dass man mit etwas Erfolg hat, mit dem ein anderer gescheitert wäre. Oder denkt ihr, irgendwer hätte dieses Buch hier verlegt, wenn ich nicht Zehntausende von Followern hätte? Nee, ich auch nicht. Aber noch mal zurück zu diesem Spruch, über den ich gerade erst gestolpert bin, den mit dem Kind im Brunnen. Ich weiß, offen gestanden, nicht, wie oft so etwas vorgekommen ist, dass es zum geflügelten Wort avancieren konnte – doch ich bin froh, dass die meisten Brunnen die ich kenne, mit Gittern versperrt sind. Wenn ich jetzt allerdings darüber nachdenke, macht mir das wiederum Angst – es würde ja bedeuten, dass in jeden mir bekannten Brunnen irgendwann mal ein Kind gefallen ist. Und nach allem, was Horrorfilme mir beigebracht haben, ist ein Brunnen mit Kind kein Ort, dem ich zu nahe kommen wollen würde. Vielleicht bedeutet der Spruch aber genau das. Sobald ein Kind in einen Brunnen gefallen ist, sollte man einfach den Brunnen verschließen, sonst kommt es wieder herauf und verflucht dich! Da das zu spezifisch war, hat man es vor Hunderten von Jahren absichtlich etwas abstrakter formuliert, sodass wir heute aus Reflex einen Brunnen verschließen und gar nicht wissen, dass wir damit dem grausamen geisterinduzierten Tod entgehen. Auch den Spruch, andere Mütter hätten auch schöne Töchter, habe ich immer wieder gehört. Mir stellt sich da die Frage, warum man nun ausgerechnet nur auf die *Töchter* abzielt. Was, wenn man sich eigentlich mehr für die Mütter interessiert? Und sagt man nicht auch, dass man sich die Mutter ansehen soll, damit man weiß, wie die Angebetete vielleicht in ein paar Jahrzehnten daherkommt? Also wäre es doch noch umsichtiger zu sagen: »Es gibt eine Menge schöner Mütter dort draußen.« Das wäre auch ziemlich nett den Müttern gegenüber! Angeblich sagt man auch »Dummheit frisst, Intelligenz säuft, das Genie macht beides.« Zumindest will mir das gerade eines dieser Sprichwörterlexika weismachen. Ich für meinen Teil kann das so weit bestätigen, vor allem da ich diese Zeilen gerade in Prag schreibe, wo die

Bewirtung bekanntlich so gut ist wie ihr vorzüglicher Ruf. Und während ich völlig besoffen auf der Karlsbrücke liege, Corona sei Dank von Passanten unbehelligt, überlege ich, wie viele Menschen diese Brücke schon überquert haben mögen. Wie viele von ihnen lagen auch schon besoffen hier herum? Vielleicht sogar, während sie schriftstellerisch tätig waren? Kafka vermutlich nicht. Aber Kafka war ja auch 'ne Fotze. Hennessy, ja *der* war ein toller Autor! Der wusste, wie man lebt – nein Moment, das steht hier auf meiner leeren Flasche. Hemingway war's. Der schrieb: »Zwei Jahre braucht der Mensch, um das Sprechen, ein Leben lang, um das Schweigen zu lernen.« Vielleicht hat er das damals aber auch nur auf einem Sprichwörterkalender in der Küche seiner Mutter abgelesen. Die war als Opernsängerin sicher empfänglich für so was. Die Qualität eines lebensvergessenen Kalenderspruchs hat's allemal. Und dann in Serifen auf den Oberarm tätowieren lassen. Ein Spruch für Jahrhunderte. Natürlich wissen wir, dass es mindestens genauso viele Momente gibt, bei denen Schweigen gerade *nicht* förderlich ist – man erinnere sich an das Märchen der sieben Raben –, doch wir kennen *alle* eben eine Situation, in der es gepasst hat. So wie zu behaupten, ein Trinker auf der Karlsbrücke werde zwei Dinge lernen. Erstens, dass er sich für eine Richtung entscheiden muss und zweitens, dass auch jahrhundertealte Steine schwanken können. Zugegeben, das war kein Hemingway, aber mit sechsundzwanzig darf ich auch noch ein wenig Luft nach oben lassen, oder? Die Moral dieses Kapitels: Hört auf eure Großmütter. Die haben erstens viel Krasseres erlebt als euch je passieren kann, und zweitens wollt ihr doch auch in Zukunft, dass sie euch so unfassbar leckeres Essen zubereiten, nicht wahr? Und für alle, deren Oma schon gestorben ist, sei gesagt: Heult woanders. Ich hatte nie ein Haustier, aber hab ich dir deswegen 'nen Leserbrief geschrieben? *Siehste.*

DER VERDIENTE RUHESTAND

Meinen »Weg« fand ich nicht während des Studiums. Natürlich nicht, denn welche Aufgabe hätten Schule, Studium und Lehre, als uns dröge, stumpf und gleichgültig zu machen? Wer behauptet, man wüsste bereits, wer man ist, sobald man die Schule verlässt, ist entweder über die Grenzen des Fassbaren hinaus langweilig und uninspiriert oder lügt sich in die Tasche. Auch den Eltern zu vertrauen ist problematisch, denn hast du gesehen, wie *die* in deinem Alter rumgelaufen sind? Moment, die sahen genauso aus wie durchschnittliche zwanzigjährige Großstädter heute – nur ohne Mund-Nasen-Schutz. In der Zeit deiner Eltern aber stand die Welt kurz vor dem nuklearen Holocaust. Was ist schon eine Pandemie dagegen. Dass man infolge derart schizophrener Zeiten dem Wahnsinn anheimfällt, ist nur allzu nachvollziehbar. Wohlgemerkt: Grundsätzlich spreche ich unseren Eltern den Durchblick im Leben nicht ab. Nur ist jede Generation einer bestimmten Prägung unterworfen, an der sie sich orientiert. Auch individuelle Umstände sind entscheidend. Die Frage ist überhaupt, ob sie in der besten aller Zeiten, den Neunzigerjahren, auf den Technopartys abdancten und dir ein Gefühl von Freiheit und grenzenlosen Möglichkeiten in die Wiege legten oder ob sie ihre Jugend mit harter Arbeit verbrachten.[64] Völlig andere Umstände, Chancen und Möglichkeiten. Meine

[64] Harte Arbeit hat noch keinem gutgetan.

Eltern waren leider nie auf Raves, obwohl meine Mutter definitiv das Zeug zu einem Instamodel gehabt hätte; sie sieht auch jetzt noch absolut fantastisch aus und hat weniger Falten hat als ich. Doch Mutter und Vater gaben mir mit auf den Weg, in erster Linie nach Sicherheit zu streben. LOL, hat ja super funktioniert!

Kehren wir zu der großen Frage nach dem ominösen Ziel deines Lebens zurück. Kinder? Ein teures Auto? Ein Haus, vier Häuser, ein Hotel in der Schlossallee? Eine Reise zum Mond? An dieser Stelle kannst du gern in dich hineinhorchen. Ich glaube, du weißt es eigentlich gar nicht. Richtig?

Zu diesem Thema hielt ich einmal eine Doppelstunde in einer elften Klasse ab. Klar wollten alle studieren ... *aber wozu*? Darauf wusste niemand eine Antwort. Nach neunzig Minuten waren die Schüler_innen tief verstört und zweifelten in der Embryonalstellung neben ihren Pulten kauernd an ihrem Leben. Gern geschehen. Wenn man etwas genauer und vor allem bei älteren Semestern herumfragt, zeigt sich der Wunsch wenig glamourös: endlich Rente. Sie versuchen dann zu verschleiern, dass sie das Leben, so wie sie es gerade führen, eigentlich hassen. In den Ruhestand zu fliehen, ist die einzige Perspektive. Fliehen vor all den falschen Entscheidungen der letzten Jahrzehnte. Toi, toi, toi, bislang scheine ich ganz gute Entscheidungen getroffen zu haben, bislang bereue ich noch nichts. »Würde mich mein zukünftiges Ich dafür hassen?« Nach *dieser* Prämisse sollte man arbeiten.[65] (Aber hey, als Rentner bleibt viel Zeit für Hobbys [nur dass man den spaßigsten davon nicht mehr nachgehen kann, weil sie den

---

65 Und getreu dem Grundsatz: Man bereut immer, was man nicht getan hat. Allerdings gilt das nicht für Kriegsverbrecher o. Ä. ...

nunmehr gebrechlichen Körper überfordern, sondern bloß »mehr reisen« {also Pauschalreisen – allein ins Abenteuer aufzubrechen, ist uns viel zu anstrengend}].) Bewusst und gewollt wird das Leben auf später verschoben – und das noch voll debiler Dankbarkeit. Jemand scheint – zumindest in Deutschland – erfolgreich die Botschaft verbreitet zu haben, es sei segensreich, bis zur Grenze der eigenen Vitalität zu schuften, um dann ein hoffentlich großzügiges, tatsächlich aber meist lächerliches Gnadengeleit zu bekommen. Zynisch, wenn ich es mit einem Gnadenhof vergleiche, auf den Tiere gebracht werden, die zu alt und zu schwach sind, um weiter ausgebeutet zu werden? Kaum. »Herzlichen Glückwunsch, du bist für unsere Gesellschaft nichts mehr wert, wir haben dich effektiv ausgesaugt, setze dich jetzt bitte dort drüben auf den Plastikstuhl, bis du umkippst und wir an deiner Verscharrung noch richtig fett verdienen dürfen.«

Darin steckt aber auch, endlich vor dem Leben und seinen Anstrengungen zu kapitulieren. Warum sterben so viele Männer direkt nach dem Ausscheiden aus dem Berufsleben? Weil sie sich über ihr Zahnraddasein hinaus weder Sinn noch Identität gegeben haben.

Während ich diese Zeilen schreibe, fahre ich erster Klasse nach München, habe ein ganzes Abteil für mich allein und trage eine gelbe Lederjacke – von der mein Steuerberater gesagt hat, dass ich sie easy abschreiben könne, Zitat: »Weil man so was ja nicht auf der Straße tragen kann« –, eine zerrissene Hose und ein Satinhemd mit Gustave-Doré-Motiv und werde von den Blicken generischer Sakkoträger durch die Glastür nachgerade zerrissen. Ich kenne das Denken dieser Leute und weiß, dass sie in ihrer Überheblichkeit vergessen: Sie tauschen ihre Lebenszeit dafür ein, dass sich andere die Taschen füllen. Logisch, dass man immer weniger bekommt, als man wert ist – so funktioniert schließlich das System. Deswegen lächle ich ihnen zu, wissend, wer am Ende des Weges glücklicher sein wird. Vielleicht kann ich mir auf diesem Weg niemals eine Villa an der Côte d'Azur oder einen neuen Porsche von der Stange leisten. Doch die brauche ich gar nicht – schon der Weg dorthin macht mich zufrieden. Außerdem halte ich mir so die Probleme, die solche Dinge zwingend mit sich bringen, vom Leib. Ein teures Haus musst du schützen lassen, ein teures Auto benötigt teuren Service und ab einem gewissen Punkt stehen Preis und Qualität einfach nicht mehr im Verhältnis, obendrein ist Geschmack zu wechselhaft. Eigentlich gibt es nur einen völlig absurden Wunsch, den ich seit Kindertagen in mir trage: eine Burg zu besitzen. Eine sinnvolle Investition, schließlich überdauern diese Zeichen von Verschwendungssucht auch die nächsten Jahrhunderte. Und das eigene Ende irgendwie zu überleben, ist doch ein legitimer Wunsch? Für Nihilisten wie mich ist das die einzig mögliche Unsterblichkeit, wenngleich es natürlich völlig egal ist, ob man sich an dich erinnert oder nicht.

Doch zurück in die Zeit *vor* dem Abnippeln. Kaffeefahrten und Reisegruppen voll greiser Touristen, die wie von Charon in stygischen Bussen an die Hotspots pittoresk-europäischer Langeweile geschaukelt werden, die sich, auf dem sorgsam asphaltierten Zentralparkplatz angekommen, erst einmal dem gewissen Örtchen zuwenden, da man auf der restlichen beschwerlichen Reise andernfalls einen Blasenriss riskierte. Diese sogenannte Reise führt sodann über fünf schweißtreibende Höhenmeter zu einer abgesicherten Plattform mit Stahlgitterboden hinan, von der aus man – von fern – unverbaute Sicht auf das jeweilige Naturphänomen »genießt«. Ich denke hier an den Rheinfall. »Majestätisch, beeindruckend! Komm, Gerlinde, mach dein Foto und dann setzen wir uns in den Biergarten, da ist die Sicht mindestens genauso gut und ich seh auch noch ein schönes Bier!«

Wenn das die Form von Entertainment ist, die ab fünfundsechzig glücklich macht, möchte ich einen Tag vor meinem fünfundsechzigsten Geburtstag einfach tot umfallen und unverzüglich kompostiert werden.

Es gibt noch andere Rentner, die sich dem unaufhaltsamen Gang der Dinge verweigern und sich freiwillig in Situationen begeben, die man als junger Mensch vermeidet. Beispiel: Studium. Mir ist es oft so ergangen, dass man sich aus dem panischen Versuch heraus, nicht vollständig die Kontrolle über seine Tage zu verlieren, in Vorlesungen geschleppt hat, um sich dort diversen Handyspielen oder Dating-Apps hinzugeben. Eine Vorlesung vor einem theoretisch fünfhundert Mann starken Plenum ist völlig unsinnig. Es ist fast, als würde sich, sobald zwanzig überschritten sind, eine unsichtbare Wand zwischen dem Dozierenden und den Zuhörern aufbauen, die mit steigender Personenzahl immer mächtiger wird und anstelle von Licht und Schall Aufmerksamkeit und Interesse absorbiert.

In diesen Veranstaltungen saßen *immer* Rentner – ob sie nun *immer noch* in diesem Studium festsaßen oder neu hinzugestoßen waren, kann ich zwar nicht sagen. Jedenfalls waren sie bemerkenswert, denn für sie schien diese Barriere nicht zu existieren. In manchen Vorlesungen veränderte sich die Dynamik dergestalt, dass ein Zwiegespräch zwischen den meisten jüngeren Professoren und den älteren Studenten entstand.

Und ich saß da und fragte mich, wie lange es wohl dauern mochte, bis ich vergessen haben würde, dass die einzigen Erkenntnisse im Studium sexueller und drogeninduzierter Natur sind und das Besuchen von Vorlesungen und Seminaren selten eine fruchtbringende und erleuchtende Beschäftigung darstellt. Ja, eher noch, als tropften die Minuten zäh aus dem Glas des Lebens und man fühlte, wie gleichsam Energie und Potential schwanden. Vielleicht spielt dieses Gefühl ab einem gewissen Alter auch keine Rolle mehr. Dem Tod beinahe täglich ins Auge blickend und wissend, dass die Zeit abläuft, ist es vielleicht auch gar nicht mehr so auffällig. Ja, schon gut, ich komm zum Punkt. Was ich damit sagen will: Tut, woran ihr Spaß habt, solange ihr jung seid. Wenn ihr alt seid, könnt ihr es nicht mehr und wir haben auch gerade den Beweis geführt, dass man nicht einmal mehr weiß, was eigentlich gut ist. Wenn ihr in eurem Leben also *irgendwelchen* Spaß haben wollt, dann lasst dieses doofe Buch liegen und geht *sofort* paragliden. Sollte die Beschäftigung darüber hinaus auch noch gefährlich sein, dann gibt es einen Bonus! Ihr müsst keine Angst haben, dass ihr irgendwann in die furchtbare Situation kommen könntet, sandfarbene Sandalen samt Socken in Erwägung zu ziehen.

WIE MAN UNSTERBLICH WIRD

Nun neigt sich diese Affäre zwischen dir und mir ihrem Ende zu. Du musst nicht weinen, weil es fast vorüber ist. Das wäre schlecht für das Buch. Falls du bereits weinst, weil das Buch so schlecht war, dann freue ich mich, dass ich wenigstens irgendeine Reaktion bei dir hervorgerufen habe. Das ist schon mehr, als das meiste Alltägliche in mir hervorruft. Wobei ... hattest du schon mal hunderttausend Euro in bar in der Hand? Das fühlt sich ganz nett an – außer natürlich, man hat Angst vor Keimen. In dem Fall wird man nicht einmal mit Bargeld glücklich. Es gibt ja einen Katalog von Sinnfragen, die sich der Mensch gemeinhin in der Philosophie, aber auch mitunter völlig willkürlich stellt – nicht jeder muss gleich Philosoph genannt werden, nur weil er mal eine gute Frage gestellt hat. »Wer bin ich?«, fragst du dich auch, wenn du am Montagmorgen nach einer Festivalwoche in einem Knäuel ungeduschter Leiber in einem Zehnmannzelt wieder aus dem Koma erwachst. Auch die oft zitierte Frage nach dem Ursprung der Welt ist nicht unlösbar, schließlich stellt und beantwortet man sie mitunter mehrfach im Zuge eines LSD-Trips. Natürlich kommen einem auch ohne Mittelchen ständig neue Fragen in den Sinn. »Wieso fährt das Arschloch so langsam? War da Land mit bei? Was hast du für mich jesacht? Kleeeingeeeld?« Allesamt dringende Lebensfragen. Wofür du jedoch eigentlich lebst und was danach kommt, tja, das ist auf diese Weise nicht zu klären. Ich bin noch nicht zu der Entscheidung gekommen, überhaupt einen solchen Zweck zu verfolgen. Aber ich verstehe, warum Unsterblichkeit für den einen oder anderen so attraktiv ist. Klar, das Fleisch ist schwach und verfault in relativ geringem zeitlichen Abstand zu seinem Entstehen bereits wieder, und aus der Perspektive eines Gottes spielen die Angelegenheiten des Menschen keine Rolle. Daher ist es nötig, sein eigenes Sein zu verlängern, irgendwie in die Zukunft mitzunehmen. Also gesetzt den Fall, man ist kein Gott. Du bist vermutlich keiner, und bei mir bin ich mir da auch nicht ganz sicher. Allein die Gewissheit, dass ferne Generationen deinen Namen kennen werden oder zumindest danach fragen, schmeichelt dem Narzissten. Man redet mir immer wieder ein, ich sei narzisstisch – aber auch da bin ich mir nicht sicher.[66]

Nur wie kann man das anstellen mit der Unsterblichkeit? Es gibt derart überlebensgroße Figuren in der Weltgeschichte, dass man weder durch Talent noch durch Können jemals deren Rang erreichen könnte, selbst als ultrareicher Superschurke. Wir gehen jetzt mal davon aus, du seist einer. Unsterblichkeit ist nämlich eher etwas für Leute, die sich das leisten können. Gut, das ist jetzt nicht überraschend, schließlich ist ja schon *Überleben* etwas für Leute, die es sich leisten können! Falls du wirklich und wahrhaftig ein Superschurke sein solltest, sieh diesen Text als Bewerbung – ich würde mich nur zu gern als Creative Villainy Consultant an der Seite eines Superschurken sehen. Was man zusammen alles erreichen – und zerstören – könnte. Egal, zerstören kann auch ein kreativer Prozess sein. Es gibt wenige Taten, die man als einzelner Mensch vollbringen könnte, ohne dass sie in der Zeit verhallten. Kriege und Gräuel sind sicherlich ein

[66] Typisch für einen Narzissten, das zu sagen.

gutes Mittel, allerdings wird jede Tat mit entsprechendem Abstand in Vergessenheit geraten und hundert Generationen später wird sich auch niemand mehr an Hitler erinnern, es sei denn, er ist ein wirklicher Geschichtsfan oder es gibt einen anderen kruden Grund, warum sich in dieser fernen Zeit jemand an den wütenden Incel-Österreicher erinnern sollte. Aber wenn man beispielsweise eine Größe in der Welt verändern würde, die von Belang ist, würde man für alle Zeiten damit assoziiert.[67] Also lieber Superschurke, der du gerade dieses Buch liest und bestimmt schon über meine Bewerbung nachgedacht hast – wie wäre es mit folgender Idee?

Spreng den Gipfel des Mount Everest!

Der höchste Gipfel dieser Erde ist immer noch im Wachstum, die plattentektonischen Prozesse, die das Auffalten an dieser Stelle vorantreiben, sind weiterhin aktiv, und in den nächsten hunderttausend Jahren wird es keinen überraschenden Anwärter auf Platz eins geben. Den Menschen jedoch, der es fertigbrächte, den Gipfel zu sprengen, gerade so weit, dass er nur noch der zweithöchste Berg der Welt wäre, behielte die Menschheit auf ewig im Gedächtnis. Hinzu käme noch, dass man niemanden dafür bestrafen könnte. Außer, es kämen währenddessen Menschen zu Schaden. Was würde man dir zur Last legen? Einen Anschlag auf das Guinnessbuch der Rekorde?[68]

---

[67] Den Meter ...?

[68] Nein. Alles von Körperverletzung über Mord bis fahrlässige Tötung. Das mit dem Guinnessbuch wäre Sachbeschädigung – wobei dir die Herausgeber gewiss dankbar wären, wo du damit doch den Bedarf an Neuauflagen jäh steigertest.

LETZTE LEKTION

Wir alle sind verschiedene Versionen unserer selbst, sofern die Zeit es zulässt – genauer gesagt, wenn uns auf unserer Reise genug zustößt. Uns allen wird eine unverdorbene, hoffnungsvolle Seele mitgegeben. Manch einer kann sie sich bewahren und ein gutes, einfaches Leben führen, ohne große Anforderungen zu stellen, weder an sich selbst noch an seine Umwelt.

Ich habe es nicht geschafft.

Es gab eine Zeit, in der prasselndes Kaminfeuer, warme Bäder, zartes Harfenspiel und lange Spaziergänge unter sternenbesprengtem Firmament meine Welt und mein Himmel waren. Ich frage mich bis heute, ob das Ende meiner Jugend mit der Erkenntnis eintrat, dass all dies nicht meine Zukunft sein würde, oder der Verletzung durch genau die falsche Person, die mir diese innere Ruhe nahm, geschuldet war. Nicht einmal Ruhe im Sinne geistiger Unaufgeregtheit. Damals schon brodelte ich, rief alles in mir danach loszustürmen. Doch auf andere Art – intellektuelle, tastende, vorsichtige Art. Mit dem Willen, die Welt zu entdecken und zu begreifen, fasziniert von dem, was vor mir lag an zu ergründenden Geheimnissen.

Ein paar Jahre später aber finde ich mich an einem massiven, aus einem Stamm gesägten Holztisch und schreibe seelenallein, mitten in der Nacht, die letzten Zeilen dieses Buches. Im Zenit kognitiver wie körperlicher Kraft – vielleicht auch meines Prestiges – und ich stehe lichterloh in Flammen, wenn mir die Feuersbrunst auch keine Wärme, ja nicht einmal Licht spendet. Nein, sie verzehrt mich – von beiden Enden. Und wie der blühende Garten einstmals voll praller Früchte der Erkenntnis hing,[69] verwandelten ihn die leckenden Zungen nach und nach zu einer Wüstenei, und jeder Schlag ward ausgeführt als Axthieb gegen die Bäume, die darin gediehen. Mein Selbstbild nur ein schwacher Abglanz dessen, was mir einst entsprach. Und nichts bringt mich diesem Ideal mehr näher, seit mir die Vision erwuchs, wie ich und das Leben zu sein hätten.

Vom Berg, den zu erklimmen ich mir immer wünschte, blicke ich über ein verheertes Tal, aus dem ich heraufgestiegen bin und das mir just noch grün und warm erschien. Vorwärts nun, immer weiter, denn es gibt kein Zurück. Das ist der Abgrund, von dem Nietzsche schrieb. Weit weniger metaphysisch, als man denken mag. Im Grunde ist es nichts als der Abgrund in einem selbst, das Gewicht, das einen tiefer hinabzieht, während man von Eleganz und Leichtigkeit – Erhabenheit gar – träumt, die Beine brechend voranstürmt auf ein Ziel, das weitaus geringer ist als jener Ort, an dem man zu streben begann. Gar nicht der Konsum alles kaufbaren Tands, den wir ablehnen müssen, sondern der Drang, uns selbst zu konsumieren, sei es auch aus noch so guten, verheißungsvollen Gründen.

Wieso genügst du dir nicht, warum sind die natürlichen, echten Bindungen, Gedanken und Gefühle dir nicht Vorbild?

---

[69] Äpfel.

Und warum fliehst du unentwegt das, was du dir zuvor noch so innig wünschtest?

So sitze ich und drücke Taste für Taste Worte in den Text, deren Nachdruck ihren Ursprung in der Schwere meines Herzens hat. Maschinell arbeite ich gegen den Strudel an, der mich mitzureißen versucht, kämpfe gegen den *Strom der Zeit*, den Fitzgerald nicht zu überwinden vermochte.[70] Und dabei völlig falsch verstand. Wir rudern nicht zurück, wir rudern *viel zu schnell* auf dem Strom. Unser Heil liegt nicht darin, den Entwicklungen zu folgen, sondern im Beharren auf der Hoffnung, die uns einst das Boot besteigen ließ. Wir finden nicht, was wir uns wünschen, denn die Fahrt macht uns zu Überresten derer, die wir waren, stumpf zurechtgeschliffen von der Strömung.

Je stärker das eigene Feuer brennt, desto mehr Menschen benutzen wir, um die Lohe zu speisen. Diese benutzten Seelen suchen ihrerseits nach Zunder, damit der Funken nicht erlischt. Manche müssen heller brennen als andere, weil sie so getrieben, so unersättlich sind. Ich reiße alles um mich in den tanzenden Flammenwirbel und geblendet merkt niemand, dass es ihn verzehrt.

Kein Weg führt zu uns selbst zurück. Hysterische Scharlatane behaupten, man könne es durch Achtsamkeit und Psychologie wiedererlangen, das verlorene Stück Selbst.

Ja, nach dem größten Schmerz kommt der Heilungsprozess und die Stücke werden wieder zusammengefügt. Wer aber jemals versucht hat, eine Porzellanvase zu kleben, weiß,

---

70 *Der große Gatsby*, letzte Seite. Lesen! Also, das ganze Buch.

dass mit jedem Bruch auch Teile unrettbar verloren gehen. Und nach Jahr und Tag fühlen wir das Fehlen dieser Splitter früher Jugendtage – die Wahrheit hinter allem Lachen und Lieben. Denn irgendwann imitieren wir nur noch, was wir früher einmal ganz selbstverständlich taten.

Was ist mir zugestoßen auf diesem Weg? Wie kam das alles so weit, dass ich vergessen habe, warum ich ihn gehe? Wohin führt die Abwärtsspirale noch? Mehr oder weniger ist alles bereits zu gar nichts geworden.

Und am Ende wirst du zur Zukunftsvision, vor der du dich fürchtetest. Du bist der Erwachsene, der du nie sein wolltest.

Jetzt bin ich an einem Punkt im Leben, an dem ich keine Hoffnung auf Glück mehr habe. Ich kann mich an einen Moment erinnern, eine Kernerinnerung, die immer in meinem Bewusstsein schwebt und ein Fenster in die Vergangenheit öffnet. Das Bewusstsein, dass ich nicht in die Gesellschaft passe, die mich umgibt, und die Hoffnung, dass alles nicht nur besser wird, sondern ich einst meinen Platz klar sehen werde. Dann fand ich diese Gesellschaft, fand die Menschen und ich fand Glück und Freude. Tief in mir aber schlief Cthulhu für ein paar Jahre – nicht tot –, nur träumend, nur darauf wartend, mich in diesem Zustand ohne Schutz zu finden. Wenn ich die Fassaden, die ich mir errichtete, von selbst zum Einsturz gebracht hätte! Für ein paar wundervolle, anspruchslose Jahre waren sie noch fort, die finsteren Nächte, die schweren Gedanken, die Verzweiflung und die Gier, all das zu beenden. Und da zerriss der Schleier. Zwei kleine Risse trennten ihn auseinander. Du und ich.

Wie kann es sein, dass die stärksten Gefühle, die ich je für dich hatte, die Schmerzen waren, die dein Weggang in mir weckte – was sagt es über mich? Ich bin erfahren im genüsslichen Zelebrieren der Trauer. Zerbersten unter dem Druck der Tränen, die nicht schnell genug aus meinen Augen fließen können. Ich sehne mich nach dem Ideal, diesem warmen *Hiersein* und *Nichtgehenmüssen*. Vielleicht ist es genau das, was wir zu verhindern suchen – das Weggehenmüssen, auf dem Weg selbst zu verschwinden.

Da ist sie: die ganze, abgründige Kälte der wahren Welt, vor der dich all deine Illusionen nicht mehr bewahren. Hier ist die Tatsache, die nackte, ekelhafte Realität, vor der wir alle fliehen. Nach vorne, immer schneller mit dem Strom. Nur der Blick zurück offenbart, dass du zu jederzeit nur Illusionen nachjagtest. Nichts ist real, kein Wort – kein Gefühl –, nur die Finsternis, die du damit verschleiern zu können hofftest.

[Leserschaft auf: Atempause.][71]

Und wenn du dich nun fragst, wer so etwas schreiben kann: ein Mensch, der seit einem Jahrzehnt beinah täglich in die Kamera lächelt, Hunderttausende Zuschauer hat und alles, was er sich je gewünscht hat, bereits mit fünfundzwanzig erreicht hat. Keine Illusion, kein Traum ist übrig, um die Wölfe vor dem Tor zu halten. Ich habe mich arrangiert, kein Glück mehr zu finden. Doch zumindest habe ich es versucht. Vielleicht zu sehr. Tut es mir nicht gleich.

Ende.

---

[71] Kostenfreie Telefonseelsorge: 0800 111 0 111 | 0800 111 0 222.

HASS HASS BABY

»Hör auf, dich zu fotografieren, du Mongo, ich geb dir gleich 'nen swipe up in die Magengrube – #notfallambulanz!«

Das ist Lyrik, das ist moderne Poesie, die mich direkt ins Gesicht trifft. Selten hat Kunst so bewegt wie ein Haufen Leute, die dir den Tod wünschen. Es ist Zeit, dass wir das Wort »Hass« endlich positiver aufladen: »Endlich können wir aufhören, diese jämmerlichen Gutmenschen zu sein, zu denen uns die Schule immer verbiegen wollte. Unsere Kinder werden wieder kleine Kätzchen ersäufen und Negerküsse essen. Wir werden fremde Kulturen kennenlernen und dann sollen sie uns kennenlernen, wie damals, als Europa in der Welt noch eine Rolle spielte. Und all die Krüppel, Schwächlinge, Moralisten, Versager, Andersartigen – die entfernen wir einfach, schwupps! Swipe left und weg. Dann ist die Welt wieder eine bessere. Also nicht für die Geswipten, aber für uns Auserwählte, die wir allesamt viel besser sind als der Rest. Und Waffen! Genau, dass man mal diesen ganzen Abschaum aus seinen Löchern holen und die Heimat an den Grenzen verteidigen kann. Aber natürlich müssen wir auch die Eliten stürzen. Quatsch, nicht die eigenen, sondern die fremden! Wenn man schon beherrscht wird, dann von Leuten, die aussehen wie man selbst. Aber Krebsmenschen, Echsenmenschen, Juden, Satanisten, Salafisten, Veganer oder wer auch immer – bäh! Der brave Deutsche muss endlich mal aufwachen und sich wehren. »Das wird man doch noch sagen dürfen!« Endlich sagt's mal einer. Wir sind natürlich keine Rassisten oder hassen andere Menschen, weil wir uns unterbewusst so minderwertig fühlen, dass wir uns dringend über andere erheben müssen, aber man muss ja auch mal irgendwem mit einem Baseballschläger den Schädel einschlagen dürfen. Zum Beispiel Studenten. Studenten sagen etwas, das vernünftige, hart arbeitende Väter nicht so sehen. Väter sind moralisch immer überlegen und geistig sowieso. Familie ist sowieso das Wichtigste und Frauen sind am Herd total gut aufgehoben und Muslime zwingen Frauen, Kopftuch zu tragen, und wir kennen das hier nicht – ähm ja, also schon, damals, als wir alle noch Tracht trugen, da hatten auch alle Frauen Kopftücher ... Aber das war ja noch beim Kaiser, und generell war unterm Kaiser alles besser, und vor allem ging es Deutschland und allen Deutschen damals noch gut, bis die verdammten Sozialdemokraten uns verraten haben, und heute gibt es sowieso nur noch Sozialschmarotzer und beschissene Influencer. *Influenca,* ha-ha, Grippe, *verstehste*? So sind die alle drauf, die tun den ganzen Tag nix außer Schleichwerbung machen und das könnte ich selbstredend auch und diese ganzen Promis nehmen doch eh nur den ganzen Tag Drogen und bekommen Millionen in den Arsch geblasen – okay, Fußballspieler auch, na ja, aber die machen ja total den heftigen Job und die meisten kriegen auch gar nicht so viel, und wenn, dann verdirbt ja Bayern München die Preise, verdammte Weißwurstfresser, raus aus Deutschland, ha-ha. Wollen sich ja eh abspalten, *verstehste*? Die Scheißossis hätte man auch gleich draußen lassen müssen, haben uns die Arbeit weggenommen und kriegen jetzt auch immer noch Geld von uns und ruhen sich da einfach drauf aus wegen Hartz IV und so Geschichten, ich hab das mal im Fernsehen gesehen, wie's da aussieht, die Scheißregierung hat einfach alles wieder aufgebaut, und jetzt sieht's bei uns scheiße aus, *warum kümmern die sich um die Zonis* und das Hotel »Zu den Drei Mohren« musste sich jetzt umbenennen, als ob irgendein Bimbo damit ein Problem hätte, wenn man in Afrika ein Hotel »Die drei Weißen« nennt, hieß ja nich Neger! Und heute hab ich so ’nem Spasten an der Ampel aufs Maul gehauen, weil der mich geschnitten hat.«

Als ob die besoffenen Versager auf den Parkbänken alle falschlägen! Versuch mir jetzt nicht weiszumachen, du würdest nicht hassen. Vielleicht tust du das sogar täglich, mal mehr, mal weniger? Hass ist absolut im Trend. Seitdem der Lynchmob abgeschafft wurde, schien der Hass vorübergehend verschwunden. Seit es jedoch wieder in Ordnung ist, Naziparolen brüllend durch Innenstädte zu ziehen, und die Entmenschlichung im Netz bereits Kommentarspalten unter Kochrezepten erreicht hat, ist Hass wieder ganz groß. Ist es nicht wunderbar? Jeder darf endlich wieder alles und jeden hassen! Ich hasse so vieles und es ist so ungesund, damit immer hinter dem Berg zu halten. Ich erkläre dir jetzt, wie du dich selbst von den Ketten befreist, wie du dir die Erlaubnis erteilst, endlich unbeschwert und moralisch unbefangen zu hassen.

Schritt 1

Gesteh dir ein, dass du Menschen hasst, und gib dir die Erlaubnis dazu. Klar darfst du das – du bist schließlich *der Größte*! Sag jetzt bitte laut: Ich hasse alles und jeden und das ist gut so. Ich sagte, *du sollst es sagen! Schrei, als wärst du gerade erst aus der aufgerissenen Vagina deiner Mutter geglibbert!* Brav.

Schritt 2

Horch in dich hinein. Analysiere, welche Menschen du so sehr hasst, dass du sie am liebsten erdolchen würdest. Zur

Anregung hier mal meine Hitliste der Dinge, die ich wirklich hasse.

- Radfahrer – uneingeschränkt, immer und überall
- Leute, die auf dem Gehweg vor mir zu langsam laufen oder keinen Platz machen
- Menschen, die laut reden und lachen
- Leute, die in aller Öffentlichkeit Spaß haben
- Menschen im Allgemeinen
- Tempolimits
- Meine Waage
- Mich
- Dich
- Sonntage, weil alles zu ist und keiner arbeitet, faules Pack!

Ich gebe zu, dass man Sonntage schlecht erdolchen kann, aber das ist ja auch rein metaphorisch gemeint. Ich meine, dieses Buch soll ja auch keine Aufforderung für dich sein, loszugehen und Leute zu erdolchen. *Zwinker.* Nun bist du dran! Wie lauten deine Top Ten der Dinge, die du so richtig hasst? Hier mal eintragen. Wie, du hast keinen Stift? Und der Verlag hat keinen Platz für ein Kästchen gelassen, um Geld zu sparen? Dann schreib's halt mit deinem eigenen Blut quer über die Seiten! Dann kaufe ich dir auch ab, dass du es ernst meinst.

Schritt 3

Überleg dir, warum du diese Menschen oder Dinge so sehr hasst. Liegt deinem Hass vielleicht etwas zugrunde, das mit dir selbst zu tun hat? Bist du vielleicht sogar selbst schuld? Wenn ja, dann suche dir eine Gruppe von Menschen, auf die du deinen Hass stattdessen projizieren kannst. Hier beliebte Beispiele.

a) Regierung
b) Medien
c) Ausländer
d) Juden
e) Kinder
f) Ökos
g) Studenten/Nichtsnutze/Künstler/Hipster
h) Chinesen/Russen/Amerikaner
i) LGBTQI+
j) Leute wie: Liberale/Konservative/Terroristen/Piraten/Spacecowboys/Mondnazis/Ossis/Bayern/Saarländer/Türken/Mamluken/Sultan Saladin/Nacktschnecken/Tine Wittler/usf.

Hast du dein Swastikachen an einer Stelle gesetzt? Nur keine Scheu, du kannst auch einfach *allen* den schwarzen Peter in die Hand drücken. Am Ende stecken sie sowieso alle unter einer Decke – in einer Verschwörung, die nur *dich* im Visier hat! Na ja, nicht ganz ... Es gibt noch ein paar andere arme Seelen, die von der furchtbaren NWO versklavt, ausgebeutet und verarscht werden. Und die musst du in Schritt 4 nun in einem Forum finden, um euch zu vernetzen, euch zu organisieren und neue Informationen zu gewinnen. Denn jeder, der aus dem Keller seiner Eltern in dieses Forum schreibt, hat neue Erkenntnisse für dich, die du so noch nie gehört hast und die zusammengefügt das wahre Antlitz dieser Welt entschleiern.

Herzlichen Glückwunsch! Bemerkst du schon, wie viel besser es sich anfühlt, den Hass mit anderen zu teilen? Ja? Plötzlich fühlt sich das so ... richtig an, so ... *gut*! Es verbindet euch auf einer tiefen Ebene. Das erfreut mein Herz. Wenn du an diesem Punkt angekommen bist, musst du unbedingt alles tun, um dieses Gemeinschaftsgefühl weiter zu steigern. Gemeinsame Treffen, gemeinsames Waffentraining, Protestmärsche mit Plakaten und regelmäßigen Ausschreitungen. (Pro-Tipp: Vergesst nicht, *immer* einen Galgen dabeizuhaben, an dem der Schuldige aufgeknüpft wird – symbolisch natürlich. Vorerst.) Nichts, was sich richtig anfühlt, kann wirklich falsch sein, katholische Weisheit. Späßchen! Ich denke, du hast deine Lektion gelernt. Geh raus in die weite Welt und amüsier dich, Kind! Aber falls dir diese Form von Kontakt mit anderen Menschen zu viel sein sollte und du nicht gleich den gesellschaftlichen Umsturz forderst oder gar Bock darauf hast, Leute mit Brandsätzen durch die Stadt zu treiben – ist ja auch total anstrengend, das viele Laufen, Rennen und Schreien –, gibt es andere Möglichkeiten, deine tägliche Portion Hass abzuladen – im Internet. Wenn es dir auch scheinen mag, dass du dort wenig erreichen kannst, kann es dir mit einem bauernschlau positionierten Post gelingen, die Welt einer Person zum Einsturz zu bringen. Du kannst so einem selbstvergessenen Influencer-Wicht einfach mit einem gut abgeschmeckten Satz einen verbalen Molotowcocktail in seine erbärmliche Fresse ballern. Dazu bedarf es der Geduld und Erfahrung, aber steter Tropfen höhlt den Stein. Glaube an dich: Du kannst so viel zerstören, wenn du nur willst! Und du wirst dich besser fühlen, obwohl du ein kleines, widerwärtiges, verlorenes Menschlein bist. Ist das nicht schön? Diesen Moment möchte ich nutzen, mich zu bedanken. Habe ich am Anfang ganz vergessen.

Ich danke all meinen Hatern – sie sind meine größten Fans, und diejenigen, die mich am weitesten vorangebracht haben.

Nun, so ganz stimmt das natürlich nicht. Doch weißt du, Hater halten einen weiterhin im Gespräch. Hater sind, wenn man ein dickes Fell hat, wirklich wundervoll. Sie sind es, die dich dazu bringen, an dir zu arbeiten, deine Positionen zu überdenken und ein robustes Selbstwertgefühl zu entwickeln. Ohne Hater wüsste ich nicht, ob ich relevant bin, denn es muss schon einen Grund geben, warum man Menschen so weit aus der Komfortzone gelockt hat, dass sie sich öffentlich und regelmäßig zu dir äußern. Du bist ein Dauergast in ihrem Kopf, und wenn du wie ich ein bisschen sadistisch veranlagt bist, gefällt dir das außerordentlich. Wenn der Hater dich sieht, dann ist sein Tag im Eimer, dann bekommt er Magenkrämpfe, sein Puls steigt – seine Lebenserwartung sinkt mit jedem Mal. Konsumier mich, Baby, jeden Tag aufs Neue! Folge jedem Post, jedem Beitrag stumm, denn ich weiß, tief in dir schreist und tobst du und vergiftest dich selbst. Deine Haare fallen aus, du frisst nicht nur Hass, sondern Junkfood in dich rein, um dich zu beruhigen. Genau, lass den Hass strömen, lass ihn dein Leben vereinnahmen und dich blind machen für alles Gute, alles Freudvolle – opfere dich, um andere – nolens volens – voranzubringen. Sei der Stein des Anstoßes, der Grund, warum »endlich mal etwas gegen diese Gewalt, den Hass unternommen wird«. So bedeutungslos dein Leben ist, so bedeutsam kann dein Hass werden. Jeder Schritt auf der gelben Backsteinstraße näher an dein Grab und ich flüstere: »*Komm.*« Danke, dass es dich gibt, Hater. Auch du hast dieses Buch ermöglicht.

NIMMT DAS DENN KEIN ENDE?

Doch! Gott oder wem auch immer sei Dank, das Buch ist so gut wie geschafft, die wenigen Seiten, die noch vor dir liegen, werden nun auch nicht mehr wesentlich dazu beitragen, deine Weltsicht drastisch zu verändern – zumal du nach der Lektüre meines kleinen Gedankenkompotts eine so düstere Sicht auf das Leben, deine Mitmenschen und den Lauf der Dinge haben dürftest, dass du eh nichts mehr erkennen kannst. Achtung, da ist ein kleines Kind ... Au! ... uff. Das hat gesessen, verdammt. Puh, hoffentlich waren das noch die Milchzähne. Ich bin wirklich mal über ein kleines, süßes und verdammt braves Kind gestolpert. Das saß vorher in der Straßenbahn und hat mich ganz fasziniert angeguckt. Als Einäugiger mit zottigem Haar und Bart muss ich auf es gewirkt haben wie ein Pirat. Jedenfalls ist es mir nach dem Aussteigen am Bahnhof plötzlich zwischen die Hacken gerannt ... Das tat mir derart leid, dass ich vermutlich schlimmer traumatisiert wurde als das Kind. Aber man muss auf seiner Suche nach Wahrheit oder Erkenntnis nicht immer das Leben anderer zerstören wie ich mit einem solchen Buch hier. Dann lieber auf der Suche nach dem Ziel im Leben gegen eine Laterne latschen und instant daran versterben. Zumindest hast du noch *vorher* mein Buch gekauft. Ganz umsonst bist du dann also nicht gestorben. Das hat ja schließlich auch ein paar Mark gekostet. Erstaunlicherweise habe ich beim

Schreiben dieses Buches vermutlich mehr gelernt als du (verdammtes ADHS!), denn wie du sicherlich schon leise vermutetest, steckt da ziemlich viel Ich drin. Sollte ich eine Therapie machen oder war dieses Buch streng genommen meine eigene Rekonstruktion? Oder ist mein Zynismus nicht grundsätzlich eine völlig gesunde Reaktion auf das Leben – wie eine Art Überlebenswerkzeug?[72] Muss man nach einem Buch wirklich erleuchtet, verändert, verbessert sein? Ja. Zumindest bei Ratgebern. Wäre ja schon blöd, wenn man gar nichts dazugelernt hätte, außer dass der Alex ein ziemlich düsterer Zeitgenosse sein kann. Auf der anderen Seite gibt es keine Geld-zurück-Garantie. Was hat die Menschheit in den Monaten, die ich an diesem Buch saß, gelernt? Also, nicht am Stück, dann wäre es deutlich besser und umfangreicher geworden, mach dich nicht lächerlich, ich hab auch noch wichtigere Dinge zu tun, beispielsweise meine Küchenwand golden zu streichen oder einen Platz für meine Baby-Yoda-Figur zu finden, wobei ich selbstredend weiß, dass man nur »The Child« sagt, stell dir bitte vor, wie ich das Auge in den Kopf hochrolle und ein Geräusch mache, das ungefähr so klingt: »Booaaahh.« Wo, äh ... war ich? Gelernt! Was hat die Menschheit in der Zwischenzeit gelernt? Dass sie durch globale Krisen heftiger erschüttert werden kann als erwartet? Dass das sogenannte Volk nur aus egomanischen, aber äußerst uninspirierten Individualisten besteht, die sich aufgrund von Gesichtsmasken gegenseitig an die Gurgel gehen? Dass wir das Klima nicht mehr werden retten können, Grönlands Eisschild verloren ist, riesige Brände weltweit zur Normalität wurden und die Hegemonialmacht von Amazon vermutlich nicht mehr unterbunden werden kann? Klingt das alles

---

[72] Nee, Therapie war schon die richtige Fährte.

nach Weltuntergangsszenario? Nein. Denn die Welt wird nicht untergehen – nur die Welt, *wie wir sie kennen,* wird einmal mehr zu Klump geschlagen und daraus eine neue entstehen. Ich bezweifle, dass das Leben in ihr besser sein wird, aber es wird nach wie vor möglich sein. Ich persönlich denke nicht, dass wir vom Klimawandel vernichtet werden können. Wir müssen uns eben anpassen und keine Angst davor haben, das Alte zurückzulassen. Es wird Opfer geben. Aber Opfer gibt es immer und in jeder Sekunde, ob nun für gute oder schlechte Zwecke. Falls es so etwas wie einen guten Zweck überhaupt gibt. Was bleibt uns also zu tun? Sollen wir den lieben Tag lang hyperventilieren, weil wir den Zusammenbruch unserer gewohnten Lebensumstände fürchten, oder lieber so tun, als würde uns das alles nichts angehen, und uns aufgrund der immer weiter zunehmenden Isolation und Oberflächlichkeit unserer Gesellschaft wieder schlecht fühlen? Und überfordert, weil wir die ersten lebenden Menschen sind, die in einem einzigen Leben mit so vielen grundlegenden Umwälzungen konfrontiert sind? Wo es nicht vorstellbar ist, dass man länger als vier Jahre denselben Beruf ausübt, weil es nicht mehr viele Dinge gibt, die überhaupt so beständig sind? Wo wir unsere Lebenspartner im Minutentakt tauschen und alles und jeder für einen kurzen Moment sein können? Wo Aufstieg und Niedergang jede Sekunde erfolgen können, abhängig davon, was die Mode sagt, und selbst Imperien innerhalb von Minuten vernichtet sein können, man aber immer weniger davon ausgehen kann, sein eigenes Imperium zu begründen, weil immer weniger Potenzial auf den letzten Stufen des Kapitalismus zu finden ist? In einer Welt, in der nur die zurechtkommen, nein *der* zurechtkommt, der mit der Technik Schritt hält und noch nicht durch Maschinen ersetzbar ist. Spoiler: Wir sind irgendwann alle ersetzbar. Wird danach ein Utopia entstehen, in dem wir alle nicht mehr arbeiten und uns sorgen müssen? Nicht arbeiten wohl ja. Sorgen eher schon.

Wer das denkt, sollte dieses Buch einfach noch mal von vorne lesen. Das kostet auch nichts extra! Soll ich jetzt noch mal die Moralkeule auspacken? Nee, ich verzichte darauf. Ich habe auf den vorangegangenen Seiten dieses Buches schon so viele Schläge ausgeteilt, dass meine Arme müde geworden sind. Ich denke auch nicht, dass diese Zeit noch empfänglich ist für derart analoges Gerät – so im Kampf gegen Sturmgewehre, geladen mit Arroganz und Einfalt. Deshalb zieh ich mich einfach von der Front zurück und lade meinen Mörser mit Spott und Zynismus und verwüste das gebeutelte Land einfach auf Fläche. Damit werde ich nicht aufhören. Herzlich willkommen in meiner ganz eigenen Legacy und danke, dass du ein Teil davon bist.

Weil du bis ganz zum Schluss drangeblieben bist, bin ich sicher, dass wir beide Freunde werden. Folg mir doch auf Instagram, YouTube und Twitch. Du bist mir wichtig! *herzchenemoji* Tatsächlich könnte genau *so* eine völlig gleichgültige Message zum Einfangen leichtgläubigen Klickvolkes lauten ... aber leider sind mir Menschen am Ende des Tages doch nicht *so* egal, wie ich es gern hätte und dich hier und da glauben machen will. Du bist mir nicht egal, denn irgendetwas hat dich hierhergeführt. Du suchst etwas in deinem Leben oder weißt, dass etwas darin nicht stimmt. Damit geht es dir ebenso wie mir – der Unterschied ist einzig, dass ich wusste, wo die Kinder eines Verlagsmitarbeiters zur Schule gehen. Ich hoffe aufrichtig, dass du findest, was du suchst, und die Zukunft Gutes für dich bereithält. Und ich denke, dass ein Mensch, der lesen kann – oder hast du etwa nur durchgeblättert? Wieso schreib ich das, dann könntest du es ja gar nicht lesen ... Alex, halt die Klappe! –, ganz gut aufgestellt ist. Hoffentlich lesen wir uns mal wieder, denn das würde bedeuten, dass es uns beiden gut genug geht, durch die Tränen die Buchstaben noch erkennen zu können. *[Verlässt die Bühne, leise ›My Chemical Romance‹, Alex ab.]*

Nun aber wirklich.

DANKSAGUNG

Die größte Befriedigung eines Autors ist die Danksagung. Da kann er sich jovial in seinem Chesterfield Sessel zurücklehnen und cognac-schwenkender Weise, seine Segnungen verteilen.

Ich widme dieses Buch einigen Menschen, obwohl ich nicht weiß, ob es überhaupt legitim ist, hier so viel Text hinzuschreiben. Aber da ich nicht weiß, ob ich je wieder eins schreiben darf sobald das hier irgendjemand gelesen hat, versuche ich niemanden zu enttäuschen!

Hallo Mama, guck mal ich bin im ~~Fernsehen~~ Buch!

Ich danke meinen Eltern, die viel besser sind als mein jugendliches Ich wahrhaben wollte (und dieser Text vielleicht FEHLinterpretiert vermuten lässt) und meinen Großeltern, ohne die diese Eltern nichts Vernünftiges geworden wären!

Und posthum Dr. Jürgen Krätzer, der dieses Manuskript vermutlich mit den Worten »Na ja, Herr Prinz, wenn Sie meinen, dass das gut ist, dann veröffentlichen Sie es ruhig. Aber denken Sie da lieber noch einmal darüber nach«, rezensiert hätte.

Und allen anderen Menschen, die mich ertragen müssen: Ob im Internet, Fernsehen, Radio oder, Gott bewahre, im realen Leben. Selbigem Gott sei Dank gibt es davon neuerdings aber immer weniger. Den Gott kannst du dir als Leser übrigens aussuchen. Oder ausdenken. Ich bin da völlig offen.

Bibliografische Information der Deutschen Nationalbibliothek
Die Deutsche Nationalbibliothek verzeichnet diese Publikation in der Deutschen Nationalbibliografie. Detaillierte bibliografische Daten sind im Internet über http://dnb.d-nb.de abrufbar.

Für Fragen und Anregungen
info@rivaverlag.de

Wichtiger Hinweis
Ausschließlich zum Zweck der besseren Lesbarkeit wurde auf eine genderspezifische Schreibweise sowie eine Mehrfachbezeichnung verzichtet. Alle personenbezogenen Bezeichnungen sind somit geschlechtsneutral zu verstehen.

Originalausgabe
2. Auflage 2021

Türkenstraße 89
80799 München
Tel.: 089 651285-0
Fax: 089 652096

Redaktion: Clara Drechsler
Umschlaggestaltung: Manuela Amode
Covergestaltung: Patrick Wittstock – www.azraeldesign.de
Umschlagabbildung (Podcastsymbol): shutterstock/HADI_TRESNANTAN
Satz: Andreas Linnemann
Druck: CPI books GmbH, Leck
Printed in Germany

ISBN Print 978-3-7423-1627-1
ISBN E-Book (PDF) 978-3-7453-1328-4
ISBN E-Book (EPUB, Mobi) 978-3-7453-1329-1

Weitere Informationen zum Verlag finden Sie unter
www.rivaverlag.de
Beachten Sie auch unsere weiteren Verlage unter www.m-vg.de

ALEXANDER PRINZ

»DU KANNST SIE NICHT ALLE TÖTEN«

Überleben unter Idioten – ein Ratgeber

riva

INHALT